Severino Paiva

Introdução à
Programação e ao Pensamento Computacional

usando a Linguagem Python e Portugol Studio Univali

EDITORA CIÊNCIA MODERNA

Introdução à Programação e ao Pensamento Computacional Usando a Linguagem Python e Portugol Studio Univali

Editor: Paulo André P. Marques
Produção Editorial: Dilene Sandes Pessanha
Capa: Daniel Jara
Diagramação: Daniel Jara
Copidesque: Equipe Ciência Moderna

FICHA CATALOGRAFICA

PAIVA, Severino Ramo de.

Introdução à Programação e ao Pensamento Computacional Usando a Linguagem Python e Portugol Studio Univali

Rio de Janeiro: Editora Ciência Moderna Ltda., 2021.

1. Informática 2. Programação
I — Título

ISBN: 978-65-5842-052-1 CDD 001.642

Editora Ciência Moderna Ltda.
R. Alice Figueiredo, 46 – Riachuelo
Rio de Janeiro, RJ – Brasil CEP: 20.950-150
Tel: (21) 2201-6662/ Fax: (21) 2201-6896
E-MAIL: LCM@LCM.COM.BR
WWW.LCM.COM.BR **04/21**

Dedicatória/Agradecimentos

A Deus pela vida a mim concedida.

Aos meus pais, Severino Coutinho de Paiva e Ileide Pereira de Paiva, por todo o apoio e ensinamentos que me deram ao longo da minha vida, possibilitando que eu me tornasse um cidadão e um profissional das áreas de informática e educação.

Aos meus filhos que são a minha inspiração permanente como ser humano e profissional na tentativa constante de servir-lhes de referência positiva.

À minha companheira, Aninha, que me deu força e teve paciência com as horas dedicadas à elaboração deste livro.

Aos meus alunos e ex-alunos que me serviram de "cobaias" no desenvolvimento do texto original deste livro durante as nossas aulas.

Aos meus amigos pela amizade, tolerância e paciência.

Aos meus colegas de trabalho que me incentivaram na preparação do livro e adotaram o texto como referência em suas disciplinas.

Severino Paiva

Prefácio

Este texto é fruto do trabalho realizado ao longo de mais de vinte anos como professor de disciplinas ligadas à programação de computadores em várias instituições paraibanas, tais como o Centro Federal de Educação Tecnológica da Paraíba (CEFET-PB), as Faculdades ASPER-PB, no Instituto Federal do Sertão Pernambucano e no Instituto Federal da Paraíba.

O trabalho está focado no ensino da programação de computadores, sendo destinado aos cursos que pretendem formar alunos com um sólido raciocínio computacional, podendo ser utilizado na íntegra ou em parte para o ensino básico, conforme preconiza a Base Nacional Comum Curricular (BNCC), para o ensino técnico e para o ensino universitário. O livro pode ser usado como livro-texto de uma ou mais disciplinas formais ou como um guia para os autodidatas da programação de computadores. Destaca-se a preocupação com o desenvolvimento da capacidade do nosso leitor resolver problemas, o que é uma qualidade muito importante para quem pretende ser um bom profissional em qualquer área de atuação, especialmente na área de Informática.

Cada capítulo está organizado de forma a facilitar a aprendizagem dos assuntos tratados, sendo composto pela teoria, exemplos, exercícios resolvidos e exercícios propostos. Nesta edição, selecionamos e incluímos, em cada capítulo, novas questões do ENADE[1], do POSCOMP[2] e de vários concursos públicos na área de computação, o que é um grande diferencial competitivo em relação à maioria dos textos semelhantes disponíveis no mercado.

No primeiro capítulo, são abordados conceitos fundamentais para a programação de computadores como algoritmos e suas formas de representação.

O segundo capítulo faz uma opção por uma linguagem algorítmica, **Portugol Stúdio**[3], que é caracterizada para permitir a sua utilização como ferramenta para representar os algoritmos a serem desenvolvidos ao longo do livro.

No terceiro capítulo, estabelece-se as bases para o desenvolvimento de um pensamento computacional, buscando sistematizar uma técnica de abordagem de problemas fazendo uso de uma metodologia na resolução dos mesmos.

No capítulo quatro, é feita uma primeira conversão entre os algoritmos representados na linguagem algorítmica e a linguagem PYTHON, uma das linguagens de programação mais utilizadas pelos programadores no mundo todo.

No capítulo cinco, trabalha-se uma das estruturas básicas da programação de computadores que é a decisão ou seleção.

No capítulo seis, aprofunda-se a estrutura de repetição ou iteração.

---

1 ENADE – Exame Nacional de Desempenho dos Estudantes, que avalia o ensino superior brasileiro.

2 POSCOMP – Exame da Sociedade Brasileira de Computação que habilita a admissão aos programas de mestrado e doutorado na área de Computação.

3 Linguagem algorítmica e ambiente de execução desenvolvido pela UNIVALE - http://lite.acad.univali.br/portugol.

O capítulo sete é utilizado para dar uma visão substancial sobre a manipulação e aplicações de vetores e matrizes na programação.

O capítulo oito, tem por objetivo desenvolver a técnica da modularização através do aprofundamento dos conceitos de procedimento, função e passagem de parâmetros.

O capítulo nove aborda o apaixonante tema do uso da técnica da recursividade na programação de computadores.

O capítulo dez apresenta e analisa alguns métodos de classificação interna e de pesquisa.

O capítulo onze lida com o processamento de *"strings"*, oferecendo ao leitor a possibilidade de analisar e desenvolver várias rotinas interessantes com este propósito.

O capítulo doze aborda o tema tratamentos de arquivos, buscando demonstrar como a linguagem Python realiza as principais operações para armazenamento e gerenciamento de dados em um dispositivo de armazenamento.

O capítulo treze discute os chamados tipos abstratos de dados e seus algoritmos, sendo centrado sobre listas, filas e pilhas.

O capítulo quatorze apresenta as noções básicas de programação orientada a objetos no âmbito geral e em Python.

No capítulo 15, aprofunda-se o conceito de Pensamento Computacional, propõe-se um planejamento anual para cada ano do ensino fundamental e são apresentadas várias atividades para serem feitas através da filosofia da Computação Desplugada, ajudando a viabilizar o desenvolvimento do raciocínio computacional em escolas que não contam com laboratórios de informática disponíveis ou os têm em quantidade insuficiente para atendimento eficiente dos seus discentes.

No apêndice A, é apresentado um glossário para facilitar o acesso aos termos técnicos utilizados ao longo do livro.

No apêndice B, listamos as respostas das questões objetivas dos exercícios propostos em cada capítulo do livro.

Para maiores informações, acesse o nosso canal no Youtube, canal do Professor Paiva, através do QR Code a seguir:

Sumário

Capítulo 1

Introdução

O ser humano nunca sabe do que é capaz até ser obrigado a tentar.

Charles Dickens

Vivemos em um mundo, literalmente, dominado pelas aplicações de informática. Temos programas em nossos computadores, em nossos celulares, em nossos equipamentos domésticos, em nossos escritórios, em nossos elevadores e em qualquer lugar que possamos imaginar!

O ser humano é, na atualidade, altamente dependente desses programas. Saber escrevê-los pode ser muito útil em qualquer ramo de atividade profissional e principalmente para aqueles que militam na área das ciências exatas.

Decorre daí, a necessidade de entendermos os detalhes de como se desenvolvem esses tais programas e a sua lógica de programação.

Chamamos a atenção do(a) futuro(a) programador(a) para o fato importante de que os programas apenas modelam objetos da realidade em que vivemos. Modelar no sentido de retratar o funcionamento de uma máquina, de um procedimento ou outro objeto do mundo real.

Dou-lhe o exemplo de um celular que é um dos equipamentos mais úteis no cotidiano de todos. Dentro do celular tem um programa que modela (simula) o funcionamento de um telefone. O telefone é uma invenção anterior ao computador, necessitando ser estudado e representando em termos de um programa de computador.

A ferramenta básica da modelagem de objetos do mundo real no mundo da programação de computadores é o algoritmo, sendo esta a ferramenta que passaremos a estudar.

1.1 Conceito de Algoritmo

A compreensão do conceito de algoritmo é fundamental para quem se propõe a programar um computador. Ao longo do tempo, vários autores buscaram estabelecer um conceito de algoritmo:

De acordo com KNUTH (1972: 4) é "um conjunto finito de regras que provê uma sequência de operações para resolver um tipo de problema específico".

Já em TREMBLAY (1983: 31), tem-se que um algoritmo é "uma sequência ordenada, e não ambígua, de passos que levam à solução de um dado problema".

CORMEN (2012: 3) define um algoritmo como "uma sequência de etapas computacionais que transformam a entrada na saída".

GERSTING (2017: 10) afirma que "um algoritmo é conjunto de instruções que podem ser executadas mecanicamente em um tempo finito de modo a resolver algum problema".

Pelos conceitos apresentados por estes grandes autores na área da Computação, percebe-se que a essência de um algoritmo está em resolver problemas através da especificação de passos individualizados concluídos em tempo finito.

1.2 Por que Precisamos de Algoritmos?

Esta pergunta pode ser respondida através do ponto de vista de algumas pessoas muito importantes para a Ciência da Computação:

1. segundo KHUTH (1972, p. 1), "a noção de algoritmo é básica para toda a programação de computadores";
2. de acordo com WIRTH (1989, p. 75), "o algoritmo é o conceito central da programação e da ciência da computação".

Como se pode concluir, a importância fundamental do algoritmo está no fato de termos que especificar uma sequência de passos para que o computador possa executar uma tarefa qualquer.

1.3 Características Gerais de um Algoritmo

Segundo KNUTH (1972), todo algoritmo deve apresentar algumas características básicas, como:

- ter fim, ser finito;
- não dar margem à dupla interpretação (não ambíguo);
- ter a capacidade de receber dado(s) de entrada do mundo exterior;
- poder gerar informações de saída para o mundo externo ao do ambiente do algoritmo;
- ser efetivo, ou seja, todas as etapas especificadas no algoritmo devem ser alcançáveis em um tempo finito.

1.4 Formas de Representação de Algoritmos

Algoritmos podem ser representados, dentre outras maneiras por:

1.4.1 Descrição Narrativa

Faz-se uso do português para descrever algoritmos. Um exemplo muito conhecido é a receita de Bolo:

1. Providencie manteiga, ovos, 2 Kg de massa etc.
2. Misture os ingredientes

3. Despeje a mistura na forma de bolo
4. Leve a forma ao forno
5. Espere 20 minutos
6. Retire a forma do forno
7. Deixe esfriar
8. Prove
9. Sirva

Outro exemplo pode ser a brincadeira que é comum entre as crianças, que é a de calcular o dobro de um número qualquer:

1. Solicite o número a ser usado para o cálculo do dobro
2. Calcule o dobro desse número, multiplicando-o por dois
3. Apresente o resultado calculado que é o dobro do número informado

FAZENDO UMA AVALIAÇÃO:

Vantagens	**Desvantagens**
Formato bastante conhecido	Imprecisão
Exige apenas saber ler para entender	Pouca confiabilidade
Liberdade de expressão	Extenso (escreve-se muito)

Figura 1.1 – Avaliação da descrição narrativa

1.4.2 Fluxograma

Utilização de símbolos gráficos para representar algoritmos. No fluxograma existem símbolos padronizados para início, entrada de dados, cálculos, saída de dados, fim etc.

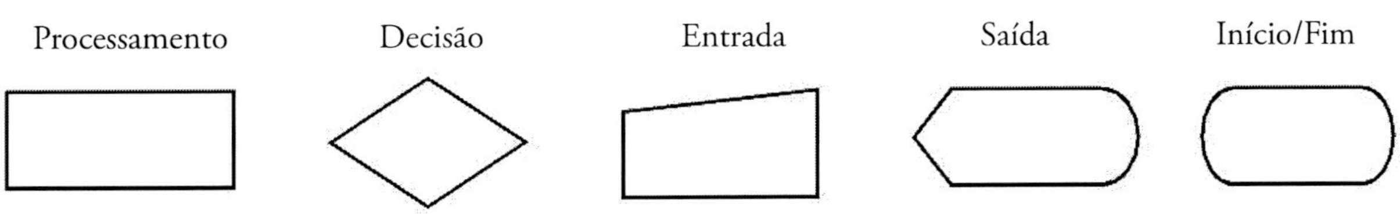

Figura 1.2: Símbolos Gráficos do Fluxograma

EXEMPLO:

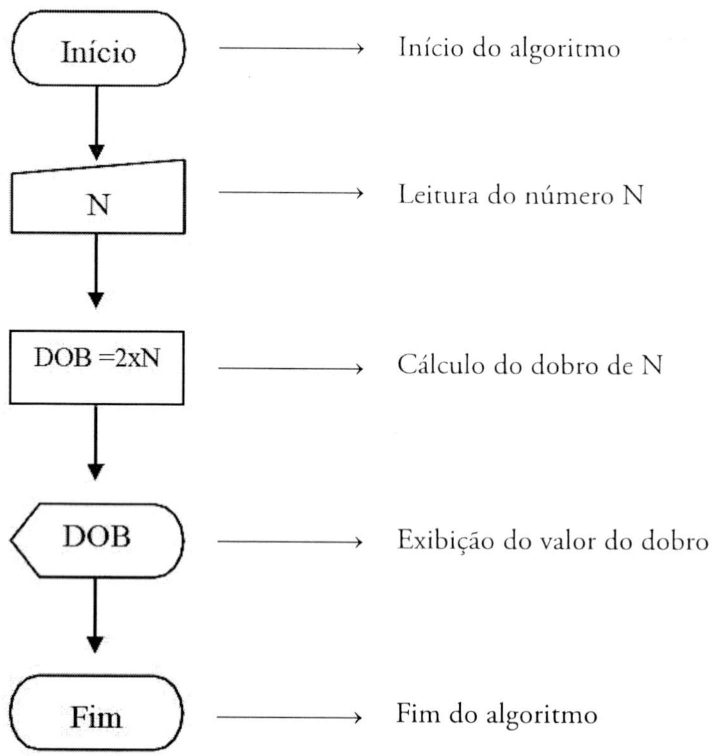

Figura 1.3 - Fluxograma exemplo

FAZENDO UMA AVALIAÇÃO:

Vantagens	**Desvantagens**
Padrão mundial	Complica-se proporção do tamanho do algoritmo
Figuras dizem muito	Já determina os dispositivos físicos associados à solução do problema
Muito conhecido	Pouca atenção aos dados, não permitindo descrevê-los adequadamente

Tabela 1.4 – Avaliação do Fluxograma

1.4.3 Linguagem Algorítmica

Consiste na definição de uma pseudolinguagem de programação, cujos comandos são escritos em português, buscando representar algoritmos. Neste caso, usaremos o **Portugol Stúdio** da UNIVALI:

Exemplo

```
programa PDOBRO
{
funcao inicio()
{
  inteiro NUM, DOBRO

  escreva ("Digite um número: ")
  leia (NUM)
  DOBRO = 2 * NUM
  Escreva ("O dobro é: ",DOBRO)
}
}
```

FAZENDO UMA AVALIAÇÃO:

Vantagens	**Desvantagens**
Independência física da solução (a solução lógica apenas)	Exige a definição de uma linguagem não real para trabalho
Pode-se definir quais e como os dados vão ser estruturados	Não existe padronização, permitindo a qualquer um definir a sua linguagem
Usa o português como base	Restringe a liberdade de expressão
Passagem quase imediata do algoritmo para uma linguagem de programação qualquer	

Tabela 1.5 – Avaliação da Linguagem Algorítmica

1.4.4 Diagrama de Chapin ou Diagrama Estruturado

É mais uma ferramenta gráfica para a representação de algoritmos. Veja como seria a representação do algoritmo de cálculo do dobro nessa ferramenta:

Exemplo:

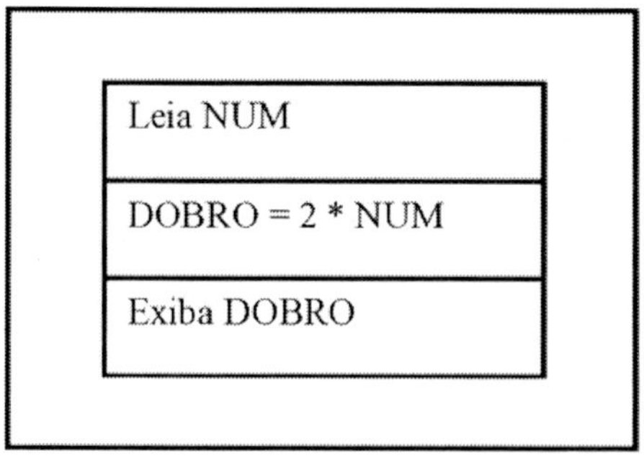

Figura 1.6: Diagrama Estruturado

FAZENDO UMA AVALIAÇÃO:

Vantagens	Desvantagens
Independência física da solução (a solução é lógica apenas)	Pouca importância na descrição dos dados
Padrão mundial	Pouco conhecido

Tabela 1.7 – Avaliação da descrição narrativa

1.5 Um Ambiente para Escrever Algoritmos

Descreveremos uma máquina hipotética para a qual escreveremos nossos algoritmos. O nosso computador hipotético apresentará a seguinte organização interna:

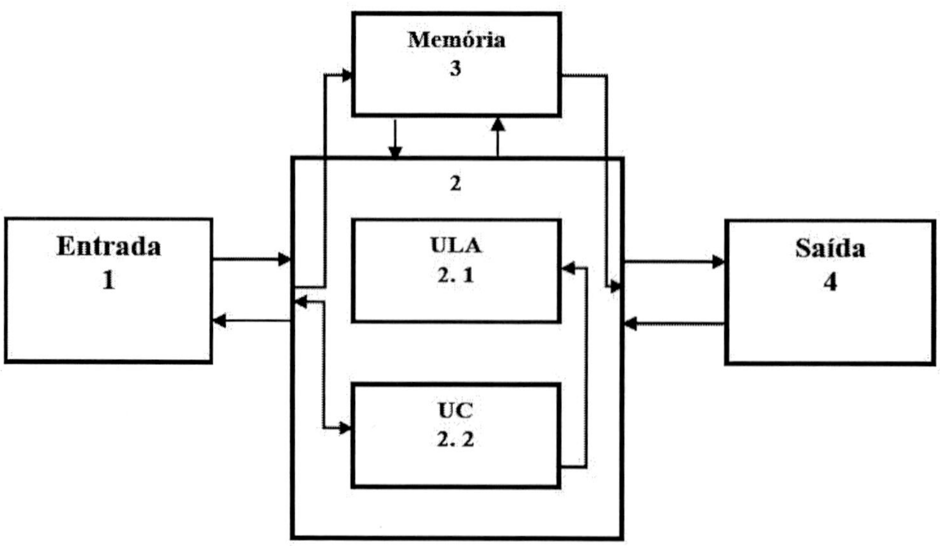

Figura 1.8: Organização Interna Simplificada de um Computador

Esse padrão de organização está fundamentado no modelo computacional de "***von Neumann-Eckert***[1]", onde os dados e programas ficam armazenados na memória e são tratados por instruções do programa para resolver problemas. Cada uma das partes constituintes da figura 1.3 tem os seguintes significados:

1. Dispositivo de entrada (o teclado é o mais conhecido): é o meio pelo qual os dados que serão trabalhados pelo algoritmo vão ser introduzidos em nosso computador hipotético;

2. **UCP** – Unidade Central de Processamento: corresponderia ao cérebro do nosso computador, sendo composta por outros componentes menores:

    2.1. ULA – Unidade Lógica e Aritmética: componente responsável pelas operações matemáticas e avaliações lógicas;

    2.2. UC – Unidade de Controle: parte gerente das demais partes do computador, distribuindo as tarefas às outras unidades e interpretando as instruções do algoritmo;

3. Memória: guarda o algoritmo a ser executado e os dados a serem utilizados pelo mesmo. Todo dado fornecido ao computador e o resultado de suas operações ficam guardados na memória. Um dado armazenado na memória recebe o nome genérico de **variável**;

4. Dispositivo de Saída (mais comuns são a tela de vídeo e a impressora): é o meio usado para apresentação dos resultados obtidos, permitindo a comunicação com o usuário.

Figura 1. 9: Visão externa de um computador.

1.5.1 Funcionamento do nosso Computador

De uma forma simplificada, todos os computadores, independentemente dos seus portes, são conceitualmente semelhantes ao esquema da Figura 1.3.

Resumidamente, podemos afirmar que existem 4 (quatro) operações básicas que qualquer computador pode executar:

a. **Operações de entrada e saída:** ler dados do teclado e escrever dados na tela são exemplos destas operações.

---

[1] John Von Neumann e John Adam Presper Eckert Jr - Pesquisadores norte-americanos que formularam a ideia do programa armazenado e participaram dos projetos dos primeiros computadores eletrônicos.

Elas servem para introduzir dados na memória do nosso computador e exibir dados que já estejam lá armazenados;

b. **Operações aritméticas:** são utilizadas na realização de operações matemáticas (adição, subtração, multiplicação e divisão, por exemplo);

c. **Operações lógicas e relacionais:** têm aplicabilidade em comparações, testes de condições lógicas (2 > 6 ? ou X = Y ?);

d. **Movimentação de dados entre os vários componentes da figura 1.3:** as operações aritméticas são executadas na Unidade Lógica e Aritmética, necessitando da transferência dos dados da memória para essa unidade e o retorno do resultado final da operação para ser guardado na memória.

1.5.2 Resolvendo um Problema em nosso Computador

Suponha que queiramos resolver o seguinte problema: a partir de dois números que serão informados, calcular a adição dos mesmos. Se você fosse encarregado de efetuar essa tarefa, seria bem provável que utilizasse os passos a seguir:

a. saber quais são os números;
b. calcular a soma dos números;
c. responder à questão com o valor do resultado.

Vejamos como seria resolvido esse mesmo problema em termos das operações básicas citadas anteriormente, decompondo as tarefas A, B e C em termos das operações básicas de um computador:

a1. operação de entrada de dados dos números a serem adicionados;
b1. movimento do valor dos números entre a memória e a ULA;
b2. operação aritmética de somar os 2 números;
b3. movimentação do resultado da ULA para armazenar na memória;
c1. operação de saída do resultado, que está guardado na memória, para o dispositivo de saída desejado.

Deve-se salientar que os passos B1 e B3 ficam embutidos na operação matemática, não são explicitados na solução do problema.

Em resumo, pode-se dizer que escrever algoritmos ou, em última análise, programar, consiste em dividir qualquer problema em muitos pequenos **passos**, usando uma ou mais das quatro operações básicas citadas.

Esses passos que compõem o algoritmo são denominados **comandos**. Os comandos de uma linguagem de programação podem estar mais próximos da máquina (linguagens de baixo nível) ou serem mais facilmente entendidos pelo homem (linguagens de alto nível).

A sequência de operações básicas, dada anteriormente, para resolver o problema de adicionar dois números, está em uma linguagem de baixo nível para o nosso computador hipotético. Em uma linguagem de alto nível teríamos um resultado assim:

a. LEIA (X,Y)
b. SOMA = X + Y
c. ESCREVA (SOMA)

O que seria uma **linguagem de programação**?

1.6 Linguagem de Programação

Linguagem de Programação é definida como um método padronizado que expressa instruções para um computador, ou seja, são regras sintáticas e semânticas que definem um programa, isto é, uma sequência de comandos.

1.6.1 Níveis de Linguagem de Programação

As linguagens de programação são classificadas em níveis, onde níveis mais baixos estão mais próximos da linguagem interpretada pelo processador e distantes das linguagens naturais.

1.6.2 Diferença entre os Níveis de Linguagem

Com base em Patterson (2009:12), apresentamos as diferenças entre os níveis de linguagens:

1. **Linguagem de Alto Nível:**

PYTHON:

```
def swap (v, k):
        Temp = v[k]
        v[k]  = v [k+1]
        v [k+1] = temp
```

C:

```
swap (int v [], int k)
  {
        Int temp;
            Temp=v[k];
            V[k] =v [k+1];
            V [k+1] =temp;
  }
```

2. **Linguagem Intermediária (De Montagem):**

Assembly MIPS[2]:

```
Swap:
        muli  $2, $5, 4
```

[2] Mips – é um padrão de máquinas com conjunto de instruções reduzido, que foi desenvolvido pela Mips Technology.

```
add  $2, $4, $2
lw   $15, 0($2)
lw   $16, 4($2)
sw   $16, 0($2)
sw   $15, 4($2)
jr   $31
```

3. **Linguagem de Máquina (Baixo Nível) Mips:**

```
001000100011110000011110101110
110000001100010010111101001101
110110001111110001110000011111
1111110001110000110000011111100
1110000010111100010110010001100
111000111000100010001110001100
000111001001000110001100100011
```

Uma outra classificação das linguagens de programação é baseada na ideia de paradigma, que segundo TUCKER(2008), é um padrão de resolução de problemas que se relaciona a um determinado gênero de programas e linguagens. Algumas linguagens seguem mais de um paradigma.

Nesse sentido, observa-se que tem tido um certo destaque, nas últimas décadas, os seguintes paradigmas:

- **programação Imperativa** – paradigma mais antigo baseado no modelo de von Neumann, que pressupõe a execução de comandos que manipulam dados na memória a partir da obtenção de dados de entrada, gerando resultados em dispositivos de saída. Também conhecido como procedural ou estruturado. Por ser o paradigma mais antigo, é um dos padrões mais utilizados. Exemplos de linguagens que são imperativas: C, Perl, Pascal, COBOL e Python.

- **programação Orientada a Objetos** – usa um modelo no qual o programa é um conjunto de objetos que interagem entre si através da troca de mensagens, utilizando conceitos básicos como classes, herança, polimorfismo, dentre outros. São exemplos de linguagens orientadas a objetos: C++, Java, C#, Ruby e Python.

- **programação funcional** – um programa é uma coleção de funções matemáticas que interagem entre si. São exemplos de linguagens funcionais: Lisp, Haskell,Python e Scheme.

- **programação Lógica** – também chamada declarativa ou baseada em regras, permitindo a modelagem de programas a partir da construção de regras ao invés do uso de comandos, construindo conhecimento sobre um dado domínio de um problema. O principal exemplo de linguagem do paradigma lógico é a linguagem Prolog.

Dois tipos de programas convertem programas em linguagens de alto nível para programas em linguagem de máquina (baixo nível), sendo este patamar o único que os computadores entendem diretamente. Esses programas tradutores são os interpretadores e os compiladores.

Um interpretador traduz cada linha de um programa de alto nível e o executa imediatamente não gerando uma conversão definitiva. A cada execução, a tradução terá que ser feita novamente. Linguagens tipicamente interpretadas são: Python, Perl, Lua e PHP.

Um compilador faz uma tradução de cada comando do programa da linguagem de alto nível para um código intermediário chamado código objeto, que será convertido em um programa executável (linguagem de máquina) por um outro programa chamado montador. Linguagens tipicamente compiladas são: C, COBOL, C#, C++ e Fortran. A linguagem Java historicamente usa um método híbrido entre interpretação e compilação.

A execução de um programa compilado é mais rápida que um interpretado. Os interpretadores são úteis durante o processo de desenvolvimento e teste dos programas. Segundo SEBESTA (2016), o tempo de execução de um sistema interpretado é de 10 a 100 vezes mais lento do que em métodos compilados.

Devemos registrar que em nosso texto não temos foco em ambientes de desenvolvimento, deixando de apresentar detalhes desses softwares, tais como telas e comandos, deixando para o leitor a escolha desses programas de acordo com a sua preferência e comodidade.

O processo de compilação pode ser representado pela **Figura 1.10**, abaixo:

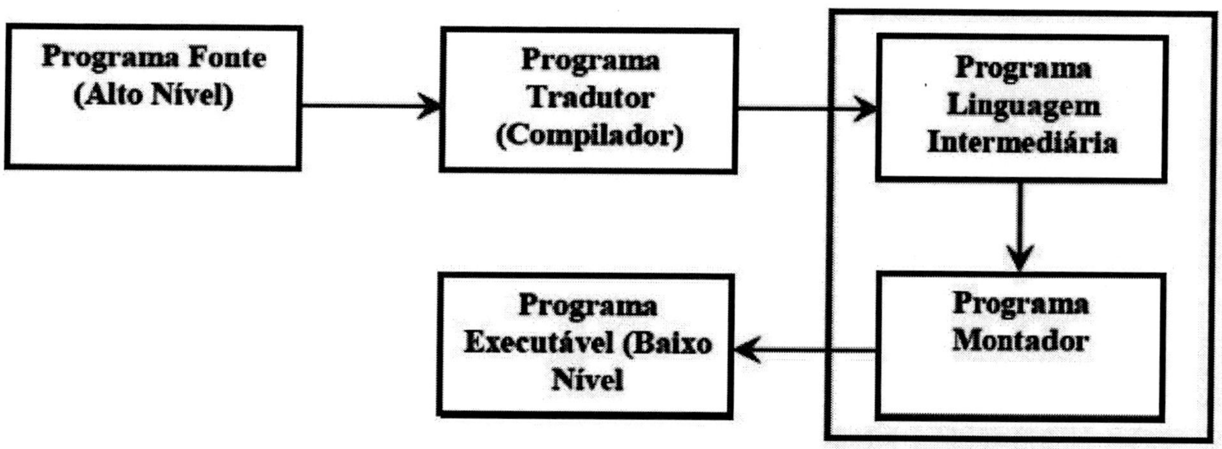

Figura 1.10: Processo de tradução via compilação.

Exercícios Propostos

P1.01 – Conceitue algoritmo utilizando as suas próprias palavras.

P1.02 – Na sua opinião, por que os algoritmos são tão importantes?

P1.03 – De acordo com o seu entendimento, qual é a característica mais importante em um algoritmo? Justifique sua resposta.

P1.04 – Defina as formas básicas de descrever algoritmos.

P1.05 – Aponte desvantagens adicionais, se houver, para a linguagem algorítmica.

P1.06 - Suponha que temos um robô à nossa disposição. Este robô chama-se ZÉ e precisa ser ensinado a fazer determinadas tarefas. Para ensinar ao ZÉ, vamos fazer uso do português para passar-lhe as instruções necessárias à execução de cada atividade. Escreva os passos necessários para o nosso robô executar:

a. encher uma bacia com água.
b. lavar um carro.
c. fazer faxina em uma determinada casa.
d. trocar o pneu de um carro.
e . calcular a idade de alguém daqui a 20 anos.
f. trocar uma lâmpada no teto de sua casa.
g. calcular a média de um aluno com três notas.
h. resolver uma equação do segundo grau.

P1.07 – Explique, com suas próprias palavras, o funcionamento do nosso computador hipotético.

P1.08 – Represente a solução do problema **P1.06 (e)** na forma de um fluxograma.

P1.09 – Represente a solução do problema **P1.06 (g)** no diagrama de *Chapin*.

P1.10 – Compare as duas soluções anteriores. Qual a mais interessante?

P1.11 – Assinale **V** (**V**erdadeiro) e **F** (**F**also) para cada uma das afirmativas a seguir:
a. ( ) Um mesmo algoritmo pode ser representado de várias formas diferentes.
b. ( ) Cada comando de um algoritmo precisa ser traduzido pela Unidade de Controle para que possa ser executado.
c. ( ) Cada linguagem algorítmica recebe características próprias de quem a projetou.
d. ( ) Os dados digitados pelo usuário ficam armazenados no dispositivo de entrada.
e. ( ) Os cálculos matemáticos são realizados na Unidade de Controle.
f. ( ) As linguagens de alto nível são mais facilmente compreendidas pelos seres humanos.
g. ( ) A impressora e a tela de vídeo são exemplos de dispositivos de saída.
h. ( ) O teclado é um dispositivo de entrada porque permite dar (digitar) valor a uma variável na memória.
i. ( ) Todo algoritmo deve terminar em um tempo finito.
j. ( ) A ideia de algoritmo é muito anterior ao surgimento do computador.
k. ( ) Todos os dados a serem processados em um algoritmo devem estar na memória.
l. ( ) Toda entrada de dados deve ser feita via uma variável.
m. ( ) Em um fluxograma, o retângulo representa uma decisão a ser tomada.

P1.12 – (Enade 2008 - Computação) Qual tipo de software tradutor deve ser utilizado para programas em geral, quando a velocidade de execução é uma exigência de alta prioridade?

a. Compiladores
b. interpretadores
c. Tradutores Híbridos
d. macroprocessadores
e. interpretadores de macroinstruções

P1.13 – (FGV - 2018 - AL-RO - Analista Legislativo - Tecnologia da Informação - Infraestrutura de Redes e Comunicação) - Assinale a opção que apresenta a lista que contém apenas as linguagens de programação que são primordialmente interpretadas em suas respectivas implementações.

a) Perl, PHP, Python.
b) C, Pascal, Java.
c) C++, JavaScript, Fortran.
d) C, Python.
e) C++, Java.

P1.14 - (FCC - SEFAZ-SP - Agente Fiscalização – TI – 2013) - Para a programação do *software*, a equipe de TI contratada pelo Sr. Hiroshito pretende adotar um paradigma de programação e uma linguagem que suporte tal paradigma. Para isso, conduziu uma pesquisa sobre os principais paradigmas e linguagens de programação. A pesquisa revelou diversos paradigmas, mas foram selecionados apenas o estruturado, o funcional e o orientado a objetos. Selecionou-se, então, uma ou mais linguagens que suportam cada paradigma. Estão relacionados corretamente uma ou mais linguagens de programação ao respectivo paradigma de programação suportado em:

a) **Estruturado** - Cobol e Lua
Funcional - C#
Orientado a objetos – Ruby

b) **Estruturado** - Pascal e Cobol
Funcional – LISP
Orientado a objetos - Ruby e C#

c) **Estruturado** - C++
Funcional - LISP e Cobol
Orientado a objetos - Ruby e C

d) **Estruturado** - Ruby e C++
Funcional - Lua e Prolog
Orientado a objetos - Pascal e Java

e) **Estruturado** - Pascal e Delphi
Funcional – Lua
Orientado a objetos - Ruby e C#

P1.15 – (FCC - METRÔ-SP – 2008 - Analista Treinee - Ciência da Computação) - Programar o computador significa "dar ordens a ele," as quais são executadas sequencialmente. Em tal paradigma, "representar" a solução de um problema para ser resolvido pelo computador envolve escrever uma série de ações que, se executadas sequencialmente, levam à solução. Trata-se do paradigma:

a) Programação em Lógica. b) Funcional c) Orientado a Objetos d) Procedural e) Simbólica

P1.16 – (IDECAN - 2019 - IFPB - Técnico de Laboratório - Informática) - Em relação ao conceito compilação e interpretação, em termos de linguagens de programação, analise as afirmativas:

1. Em linguagens de programação que fazem compilação, o código-fonte é convertido para código de baixo nível, este sendo executado diretamente pelo computador.
2. Alguns exemplos de linguagens de programação interpretadas são: C, PHP e Ruby.
3. As linguagens interpretadas fazem uso de um interpretador, como intermediário, para a execução do código-fonte.

ASSINALE:

a) se somente a afirmativa I estiver correta.

b) se somente as afirmativas I e II estiverem corretas.

c) se somente as afirmativas I e III estiverem corretas.

d) se somente a afirmativa II estiver correta.

e) se todas as afirmativas estiverem corretas.

Capítulo 2

Caracterizando a Linguagem Algorítmica

Não há nada como um sonho para criar o futuro.

Vitor Hugo

Adotaremos uma linguagem algorítmica para representar as soluções dos nossos primeiros problemas. A linguagem algorítmica a ser utilizada nesta edição é a **Portugol Studio**, que é um projeto mantido e desenvolvido pelo laboratório de Inovação Tecnológica na Educação da UNIVALI, podendo obter mais informações e fazer o *download* do ambiente da linguagem, acesse o site do software pelo *link* **http://lite.acad.univali.br/portugol**:

Os comandos de um algoritmo fazem parte de uma sequência, onde é relevante a ordem na qual se encontram os mesmos, pois serão executados um de cada vez, estritamente, de acordo com essa ordem. De uma forma genérica, poderíamos expressar uma sequência da seguinte maneira:

```
Comando1

Comando2

Comando3
     :
     :

Comandon
```

Tem-se uma sequenciação de **n** comandos na qual os comandos serão executados na ordem em que aparecem, isto é, o comando de ordem **i+1** só será executado após a execução da instrução de ordem **i**, isto é, o terceiro comando só será executado após o segundo.

A sequenciação é aplicada quando a solução do problema pode ser decomposta em passos individuais um após o outro. Todo algoritmo é uma sequência.

A estrutura geral de um algoritmo linguagem **Portugol Studio** é a seguinte:

```
        programa
{
                funcao inicio()
                {
                        [Definição de Variáveis]

                        <comando1>
                        <comando2>
                            ...
                            ...
                        <comandon>
                }
}
```

Os **tipos** de dados básicos ou primitivos possíveis em nossa linguagem algorítmica são:

Inteiro – valores numéricos sem casas decimais, por exemplo: 5; 7 ; 32000.

Real – valores numéricos com casas decimais: 32,45;

Cadeia – sequência de caracteres dentre os disponíveis no seu teclado: 'Olá' , 'Severino Paiva', '*&^%$#@'

Lógico – variáveis que podem conter apenas dois valores lógicos que são o valor **VERDADEIRO** ou o valor **FALSO.**

Posteriormente, abordaremos mais alguns tipos que podem ser gerados a partir destes dados primitivos.

Um exemplo é o algoritmo a seguir, expresso em **Portugol Stúdio**, que resolve o problema de adicionar dois números, proposto na seção 1.5.2:

```
programa
{
   funcao inicio()

   {
inteiro X, Y , SOMA
```

```
        leia(X)
        leia (Y)
        SOMA = X + Y
        escreva (SOMA)
    }
}
```

2.1 Comandos Básicos

2.1.1 Atribuição

O comando de atribuição é o comando utilizado para guardar um determinado valor em uma variável.

Formato Geral:

```
<VARIÁVEL-1> = [<VARIÁVEL-2> =] <EXPRESSÃO>
```

EXEMPLOS:

1. TOTAL = 0
2. SOMA = SOMA + 1
3. MENSAGEM = 'ERRO DE DIGITACAO'

EXPLICAÇÕES:

1. A variável TOTAL vai receber o valor 0 (zero)
2. A variável SOMA receberá seu valor anterior acrescido de mais uma unidade
3. A variável MENSAGEM receberá a expressão 'ERRO DE DIGITACAO'

Observe que os operadores matemáticos da adição e subtração são semelhantes aos que você aprendeu na escola (Adição: **+** ; Subtração: **–**). Os operadores para multiplicação e divisão são um pouco diferentes: Multiplicação: * e divisão: **/**). Assim, a operação "**3 X 4**" é escrita como **3*4**. E analogamente, "**4 ÷ 2**" é expresso como **4 / 2** .

2.1.2 Entrada de Dados

FORMATO GERAL:

```
<LEIA>( <LISTA-VARIÁVEIS>)
```

Exemplos:

1. LEIA (IDADE)
2. LEIA (SALARIO, FALTAS)
3. LEIA (X,Y,Z)
Explicações:

1. A variável IDADE vai receber o valor digitado pelo teclado;
2. Serão digitados valores para as variáveis SALARIO e FALTAS nesta ordem;
3. Serão solicitados valores para as variáveis X, Y e Z, respectivamente.

2.1.3 Comando de Saída

FORMATO GERAL:

```
<ESCREVA> (<LISTA-DE-SAÍDA>)
```

Exemplos:

1. ESCREVA (IDADE)
2. ESCREVA (SALARIO, FALTAS)
3. ESCREVA ("O NOME DIGITADO FOI: ", NOME)

EXPLICAÇÕES:

1. A variável IDADE será exibida no dispositivo de saída;
2. Serão exibidos os valores das variáveis SALARIO E FALTAS nesta ordem;
3. Serão exibidas na tela do computador hipotético a mensagem O NOME DIGITADO FOI: seguido do conteúdo que está armazenado na variável NOME.

Exercícios Propostos

P2.01 – Qual é a finalidade do comando de atribuição?

P2.02 – Suponha a seguinte sequência de atribuições e determine o valor final da variável W:

a. Y = 10; Z = Y + 4; W = Y; W = Z x 2; W = Y. O valor final deve ser: W = ________
b. W = 0; Y = 5; Z = Y – 2; W = Y + Z. O valor final deve ser: W = ________

P2.03 – Compare os comandos **leia** e **escreva**.

P2.04 – Escreva na tela do seu computador hipotético no seu caderno os efeitos da seguinte sequência de comandos dados a seguir:

```
Escreva ('OI')
Leia (NUM)
Escreva (NUM)
```

P2.05 – Considerando os valores finais das variáveis do problema **P2.02 letra a**, indique o resultado dos comandos de saída a seguir:

SAÍDA

a. escreva (Z, Y, W) ____________________

b. escreva (Y, W, Z) ____________________

c. escreva (W, Z, Y) ____________________

P2.06 – De acordo com o algoritmo a seguir, os valores finais das variáveis N1, N2 e N3, respectivamente, serão:

```
programa
{
   funcao inicio()
   {
     inteiro  N1,N2,N3
     N1 = 1
     N2 = 2 + 2 * N1
     N1 = N2 + 1
     N3 = N2 + 2
   }
}
```

a. 1, 2 e 3
b. 5, 3 e 6
c. 1, 4 e 6
d. 5, 4 e 6
e . 6, 4 e 5

P2.07 – Assinale V (Verdadeiro) e F (Falso) para as seguintes afirmativas:

a. ( ) A atribuição é um comando destrutivo na medida em que "apaga" o valor anterior da variável.
b. ( ) O comando **escreva** gera uma saída no dispositivo de entrada.
c. ( ) O comando **leia** permite que uma variável receba um valor digitado pelo teclado.
d. ( ) Um comando de saída, **escreva**, pode exibir várias variáveis.
e. ( ) A atribuição **X = X + 1** não tem sentido do ponto de vista matemático.
f. ( ) A ordem das atribuições não interfere no valor final das variáveis.
g. ( ) A única forma de dar valor a uma variável é através de uma operação de entrada.
h. ( ) Em um único comando de entrada podem ser lidas várias variáveis.
i. ( ) A sequência dos comandos dentro de um algoritmo não é relevante.
j. ( ) Suponha que **A, B** e **C** são comandos de um algoritmo. O algoritmo **A, B, C** é sempre igual ao algoritmo **C, B, A**, pois eles são compostos pelos mesmos comandos independentemente da ordem.

P2.08 – O algoritmo abaixo foi adaptado dentre os exemplos disponíveis no site do Portugol Studio. Ele faz várias operações entre os números A e B. Aponte a quantidade de erros, de qualquer natureza, no algoritmo a seguir:

```
programa
{
    funcao inicio()
    {
        real a, b, soma, sub, mult, div

        escreva("Digite o primeiro número: ")
        leia(a)

        escreva("Digite o segundo número: ")
        escreva (b)


        soma = a + b    // Soma os dois valores
        sub  = a - b    // Subtrai os dois valores
        mult = a * a    // Multiplica os dois valores
        div  = a / b    // Divide os dois valores

        escreva("\nA soma dos números é igual a: ", soma)
        escreva("\nA subtração dos números é igual a: ", sub)
        escreva("\nA multiplicação dos números é igual a: ", mult)
        escreva("\nA divisão dos números é igual a: ", div, "\n")
}
```

a. 0 b. 1 c. 2 d. 3 e. 4

P2.09 – Liste e justifique todos os erros detectados na questão anterior.

Capítulo 3

Como Resolver Problemas

O que você herdou dos seus pais deve ganhá-lo de novo a pulso, ou não será seu.

Goethe

Há um consenso mundial que precisamos formar profissionais capazes de serem autônomos, éticos e, principalmente, capazes de resolverem os problemas cada vez mais complexos que desafiam a humanidade. Órgãos governamentais, empresas, escolas e sociedade têm buscado soluções para que a formação das novas gerações possam lidar à altura com os desafios que estão por vir.

Uma das iniciativas recentes foi a formulação, pelo Ministério da Educação, da Base Nacional Comum Curricular (BNCC), que visa nortear e padronizar conteúdos no âmbito do ensino básico no Brasil. O site do MEC afirma que:

> "A Base Nacional Comum Curricular (BNCC) é um documento de caráter normativo que define o conjunto orgânico e progressivo de **aprendizagens essenciais** que todos os alunos devem desenvolver ao longo das etapas e modalidades da Educação Básica, de modo que tenham assegurados seus direitos de aprendizagem e desenvolvimento, em conformidade com o que preceitua o Plano Nacional de Educação (PNE)" BRASIL(2017).

A BNCC, na seção de Matemática e suas Tecnologias, enfatiza a importância do desenvolvimento do raciocínio computacional, tendo o cuidado de definir o significado desta expressão:

> "Pensamento computacional envolve as capacidades de compreender, analisar, definir, modelar, resolver, comparar e automatizar problemas e suas soluções, de forma metódica e sistemática, por meio do desenvolvimento de algoritmos BRASIL (2017, p. 474).

Ressalte-se ainda a importância dada ao tema com a explicitação de competências e habilidades na área de Matemática e suas tecnologias para o ensino básico: desenvolvimento do pensamento computacional, visando à resolução e formulação de problemas em contextos diversos, investigando e registrando, por meio de um fluxograma, quando possível, um algoritmo que resolve um problema BRASIL (2017, p. 537).

Nesse mesmo sentido, a Sociedade Brasileira de Computação (SBC), órgão máximo da área de Computação no Brasil, publicou as suas Diretrizes para ensino de Computação na Educação Básica, ressaltando que o domínio dos conceitos fundamentais da Computação permitirá que estudantes compreendam de forma mais completa o mundo e tenham, consequentemente, maior autonomia, flexibilidade, resiliência, pró-atividade e criatividade SBC(2017).

No âmbito do ensino de graduação, a SBC enfatiza em suas Diretrizes Curriculares para a área de Ciência da Computação a importância do eixo de formação na Resolução de Problemas, que exige competências para:

- identificar os problemas que apresentem soluções algorítmicas viáveis;
- selecionar ou criar algoritmos apropriados para situações particulares;
- implementar a solução usando programação.

Nesse contexto, o que seria um problema? Podemos apresentar uma definição já clássica de problema, que o identifica como "uma situação que um indivíduo precisa resolver e para qual não dispõe de um caminho rápido e direto que o leve à solução" (Lester, 1983).

Segundo POLYA (2006), é na problematização que o professor precisa trabalhar de forma significativa para o desenvolvimento da inteligência do aluno, levando-o a pensar e trabalhar na resolução de problemas para que efetivamente aprenda, investigando e construindo o conhecimento.

Levando em conta o trabalho de POZO(1998), apresentamos algumas estratégias para resolver problemas e suas características mais significativas:

ESTRATÉGIA	FUNCIONAMENTO
Tentativa e erro	Tentar soluções sucessivas até encontrar uma solução.
Decomposição em subproblemas menores	Dividir o problema em problemas menores e mais simples que possam ser resolvidos individualmente e essas soluções somadas resolvam o problema maior.
Encontrar problemas análogos e conhecidos	A partir desses problemas parecidos e conhecidos, achar uma solução para o problema original.
Metodologia para resolver problemas	Utilização de uma metodologia formal com etapas bem definidas para resolver problemas.

No nosso entendimento, com uma experiência de docência de algumas décadas, a resolução de problemas passa por algumas etapas básicas e suas subdivisões, independentemente da estratégia utilizada:

1) Compreensão do problema:

1.1) **Leitura** do texto que define o problema;
1.2) **Análise de gráficos**, se estiverem disponíveis;
1.3) **Sublinhamento de trechos** importantes dos **textos** que definem o problema;
1.4) **Construção de desenhos**, se forem necessários, para facilitar a compreensão;
1.5) **Entendimento** concreto do que é o **problema** em si.

2) Resolução do problema:

2.1) **Solução genérica** – esboço básico sobre o que é a solução do problema;
2.2) **Solução detalhada** – solução detalhada do problema, com riqueza de detalhes;

3) **Validação da Solução:**

3.1) **Testes da solução** – testar a solução com valores e situações possíveis do problema para checar se a solução está correta;

3.2) **Revisão da solução** – correção de eventuais erros ou omissões da solução inicial e melhoria da eficiência da solução.

Para ajudá-lo nesse processo de liberação da sua criatividade, vamos propor alguns exercícios simples, mas úteis para colocarmos em prática a sua capacidade de resolver problemas. Tente resolver os problemas propostos, a seguir, fazendo uso das três etapas básicas apresentadas anteriormente:

Exercícios Resolvidos

R3.01 – Ligue todos os pontos a seguir utilizando apenas quatro linhas retas de tal forma que elas sejam consecutivas e sem retirar a caneta do contato com a superfície do papel. **Resolva pela técnica de tentativa e erro.**

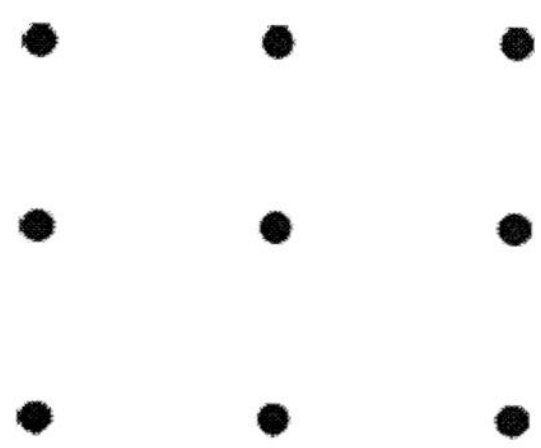

RESOLUÇÃO:

No problema **R3.01**, você deve ter riscado, rabiscado, coçado a cabeça e sentido algumas dificuldades para resolvê-lo cumprindo as regras impostas. A principal dificuldade deve ter sido a tendência induzida pela forma da figura inicialmente formada pelos pontos de resolver o problema sem fugir do formato quadrado.

A solução é simples, porém foge dessa indução inicial. Vejamos as retas a traçar para resolver:

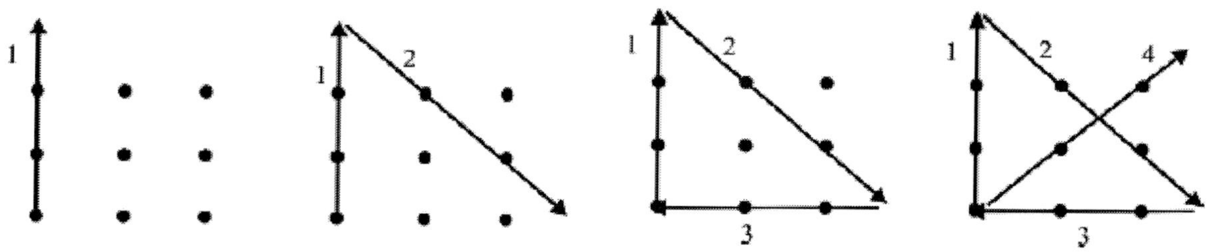

R3.02 – Um viajante deseja saber a distância entre Campina Grande e Recife. Ele está off-line. Perguntou aqui e ali, mas não obteve uma resposta direta. Ele conheceu uma pessoa de Campina Grande que trabalha em João Pessoa, mas não conhece Recife. Também conheceu uma pessoa de Recife que trabalha em João Pessoa, mas não conhece Campina Grande. **Resolva usando a técnica de problemas análogos e parecidos.**

RESOLUÇÃO:

No problema **R3.02,** o viajante desorientado pode perguntar ao morador de Campina que trabalha em João Pessoa qual a distância entre Campina e João Pessoa (130 Km). Daí pode perguntar ao morador de Recife qual a distância de Recife a João Pessoa (125 Km). De posse das duas distâncias intermediárias, basta somar esses dois valores para obter a distância entre Campina Grande e Recife, que corresponde a 255 Km.

R3.03 – Sabendo-se que o fatorial de um número inteiro é dado por: **FAT = N x (N-1) x (N-2)x ..x.0!**. E que o fatorial de 0 (zero), por definição é 1 (um). Como calcular o fatorial de 5? **Resolva pela técnica da decomposição.**

RESOLUÇÃO:

Sabemos que o fatorial de 0! (zero) é 1 (um). É o nosso caso base.

O fatorial de 1! é 1 x (1-1)!, que é igual 1x0! = 1x1=1.
O fatorial de 2!= 2x1! = 2x1=2.

O fatorial de 3!=3x2!= 3x2=6. O fatorial de 4! = 4x 3!= 4x6 = 24, portanto, o fatorial de 5!= 5x4! = 5x24=120, que é o resultado final do fatorial de 5 (5!).

Observe que a partir de um caso base, o fatorial de zero (0!), foi possível decompor o problema maior e mais complexo em subproblemas menores de soluções conhecidas e factíveis.

Programar é, em última análise, resolver problemas e o desafio maior do nosso texto é encaminhar o(a) nosso(a) leitor(a) a resolver problemas computacionais usando a lógica de programação como ferramenta para expressar a sua solução.

Com a importância que a informática teve em nossas vidas nos últimos anos, como também com a complexidade crescente dos desafios a solucionar, precisamos de mais formalismo quando estamos resolvendo **problemas computacionais.** Nesse sentido, **é conveniente** apresentarmos o conceito de **metodologia**.

3.1 Uma Metodologia para Resolver Problemas

Você deve ter resolvido os problemas anteriores através do "método" da tentativa e erro, mas quando se quer **programar computadores** essa não é a técnica mais apropriada, sentindo-se a necessidade de fazer uso de uma **metodologia**.

Uma **metodologia** é um conjunto de técnicas, métodos e ferramentas utilizadas de forma racional e sequenciada. A nossa pretensão é analisar uma metodologia que nos assegure a obtenção de algoritmos corretos. TREMBLAY (1983: 61) desenvolve uma metodologia cujos passos são apresentados a seguir:

1. **Entender o problema.** Não se pode querer resolver um problema que não foi inteiramente compreendido. Leia a especificação do problema, sublinhando o que for importante. Faça anotações quando julgar necessário. Não se deixe levar pela primeira impressão como no problema R3.02;

2. Desenvolver um **algoritmo genérico** para resolver o problema, usando frases do português;

3. Componha uma **lista com toda e qualquer variável** que você ache ser necessária à solução do problema. Para cada variável, indique um nome, um tipo e uma descrição da finalidade;

4. **Detalhe o algoritmo** obtido no passo 2 (dois), usando a linguagem algorítmica;

5. Sentindo que o algoritmo está detalhado adequadamente, **simule a execução do algoritmo**, utilizando dados de entrada e analise a(s) saída(s) obtida(s).

3.2 Aplicação da Metodologia

Vamos ilustrar a utilização da metodologia vista anteriormente na resolução de problemas.

Problema A: Ler dois números inteiros, calcular a soma dos mesmos e exibir o resultado.

Solução:

Etapa 1: Entender o problema:

Dados dois números quaisquer, calcular a soma dos mesmos e exibir o resultado.

Etapa 2: Esboçar uma solução genérica:

2.1 Ler os dois números
2.2 Calcular a soma dos números
2.3 Apresentar o resultado da adição

Etapa 3: Elaborar a lista de variáveis:

Variável	Tipo	Finalidade
N1	Inteiro	Conter o 1º número
N2	Inteiro	Conter o 2º número
SOMA	Inteiro	Conter a soma

Tabela 3.1 – Elaboração de uma lista de variáveis

Etapa 4: Solução em termos da linguagem Portugol Stúdio:

```
programa
{
funcao inicio()
 {
   inteiro N1, N2, SOMA
   escreva("Digite 2 números inteiros: ")
   leia(N1)
```

```
        leia(N2)
        SOMA = N1 + N2
        escreva("O resultado da Adição = ",SOMA)
    }
}
```

Etapa 5: Testar a solução:

Comando a Executar	**N1**	**N2**	**Soma**	**Saída**
Escreva('Digite 2 números inteiros:')				Digite 2 números inteiros:
Leia(N1, N2)	3	5		
SOMA= N1 + N2	3	5	8	
Escreva('O resultado da Adição =',SOMA)	3	5	8	O resultado da Adição = 8

Tabela 3.2 – Teste da solução

Através da tabela anterior pode ser observado que cada comando do algoritmo tem uma função bem específica a desempenhar na resolução do problema proposto. A coluna **COMANDO A EXECUTAR** mostra o comando do algoritmo e o seu efeito sobre as variáveis (colunas **N1** e **N2**) e o dispositivo de saída (coluna **SAÍDA).**

Problema B: A partir de um valor do raio dado, calcular a área do círculo.

Fórmula: $A = \square \; x \; R^{2,}$, considerando ¶ igual a 3,14, temos A = 3,14 x R^2

Solução:

Etapa 1: Entender o problema;

A área do círculo é dada pela fórmula A = 3,14 x R_2

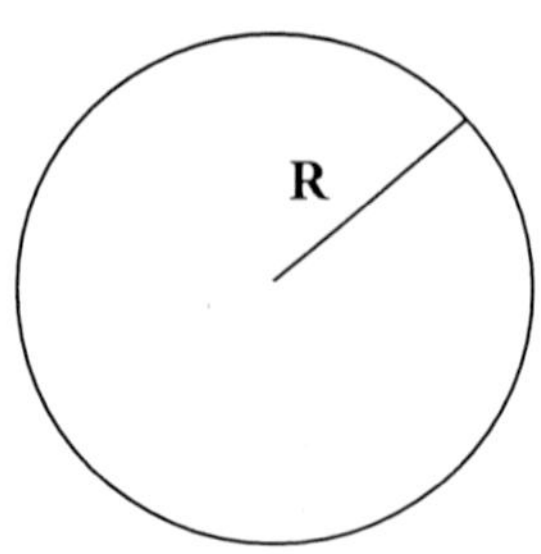

Etapa 2: Esboçar uma solução genérica:

2.1 Ler o valor do raio
2.2 Calcular a área do círculo
2.3 Apresentar o valor da área

Etapa 3: Lista de variáveis:

Variável	**Tipo**	**Finalidade**
R	Real	Conter o raio
AREA	Real	Conter a área

Etapa 4: Solução em termos da linguagem:

```
programa
{
funcao inicio()
  {
    real R, AREA
       escreva("Digite o valor do raio: ")
       leia(R)
       AREA = 3.14 * R * R
       escreva("A Area: ", AREA)
  }
}
```

Etapa 5: Testar a solução:

Comando a Executar	**R**	**Área**	**Saída**
Escreva('Digite o valor do raio:')			Digite o valor do raio:
Leia(R)	2		
AREA = 3.14 x R x R	2	12.56	
Escreva('A Área é = ',AREA)	2	12.56	A Área é = 12.56

Exercícios Resolvidos

R3.04 – Escreva um algoritmo que leia um número inteiro pelo teclado e exiba o seu sucessor.

Solução:

Etapa 1: Entender o problema:

O sucessor de um número qualquer é obtido através da adição de uma unidade a esse número. O sucessor de 1 é 2; o sucessor de 3 é 4 e assim sucessivamente.

Etapa 2: Esboçar uma solução genérica:
2.1 Ler o número pelo teclado
2.2 Calcular o sucessor do número

2.3 Apresentar o sucessor na tela

Etapa 3: Lista de variáveis:

Variável	Tipo	Finalidade
N	Inteiro	Conter o número
SUCN	Inteiro	Conter o sucessor de N

Etapa 4: Solução em termos da linguagem:

```
programa
{
   funcao inicio()
 {
  inteiro N, SUCN
    leia (N)
  SUCN = N +1
  Escreva(SUCN)
    }
}
```

R3.05 – Escreva um algoritmo que calcule a área de um quadrado de lado L.

Etapa 1: Entender o problema:

O quadrado é uma figura da geometria plana que tem a sua área calculada obedecendo a fórmula **A = L²**. Podemos perceber que o cálculo só depende do valor numérico do lado do quadrado aqui denotado por **L.**

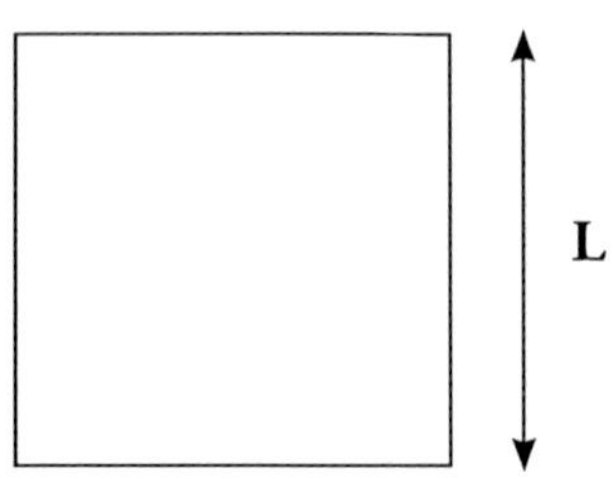

Etapa 2: Esboçar uma solução genérica:

2.1 Ler o valor do lado
2.2 Calcular a área usando a fórmula A = **L²** = L * L
2.3 Apresentar o valor da área

Etapa 3: Lista de variáveis:

Variável	**Tipo**	**Finalidade**
ÁREA	Real	Conter o valor da área
L	Real	Conter o valor do lado

Etapa 4: Solução em termos da linguagem:

```
programa
{
        funcao inicio()
        {
        real AREA , L

        leia (L)
        AREA = L * L
        escreva (AREA)
        }
}
```

R3.06 – Monte a tabela de testes para os dois algoritmos anteriores.

Problema R3.04:

Comando a Executar	**N**	**Sucn**	**Saída**
Leia(N)	2		
SUCN = N + 1	2	3	
Escreva(SUCN)	2	3	3

a. Problema R3.05:

Comando a Executar	**L**	**Área**	**Saída**
Leia(L)	2		
ÁREA = L x L	2	4	
Escreva (ÁREA)	2	4	4

R3.07 – Escreva um ALGORITMO que exiba na tela a mensagem: **ESTOU APRENDENDO A PROGRAMAR.**

```
programa
{
   funcao inicio()
   {
 escreva ("ESTOU APRENDENDO A PROGRAMAR")
   }
}
```

Exercícios Propostos

Resolva cada um dos problemas a seguir **utilizando a metodologia** sugerida neste capítulo:

P3.01 – Calcular o triplo de um número qualquer digitado pelo teclado.

P3.02 – Calcular o comprimento de uma circunferência de raio R, onde o comprimento é dado pela fórmula

C = 2 x ¶ x R (¶ = 3,14)

P3.03 – Calcular o salário líquido (SL) de um funcionário, sab}o o seu salário bruto (SB) e o total de descontos (D). Aplique a fórmula SL = SB – D.

P3.04 – Calcular a remuneração total (R) de um professor a partir do valor da hora-aula (H) e a quantidade de aulas dadas no mês (Q). Aplique a fórmula R = H x Q x 5,25.

P3.05 – Calcular a área de uma circunferência de raio *r*, onde a mesma é dada pela fórmula.

A = ¶ x r ^{2}

P3.06 – Calcular a média aritmética de um aluno com 3 notas. Aplique a fórmula:

$$Media = \frac{N1 + N2 + N3}{3}$$

P3.07 – Calcular a velocidade média de um automóvel a partir da distância percorrida (S) e do tempo gasto para percorrer essa distância (T). Fórmula:

$$VM = \frac{S}{T}$$

P3.08 – Calcular o consumo médio de um veículo, s}o informados a distância percorrida (D) e o número de litros consumidos (LIT). Fórmula:

$$CM = \frac{D}{LIT}$$

P3.09 – Calcular o valor da conta de energia elétrica de um consumidor, s}o informados: a leitura anterior (LANT), leitura atual (LATUA) e valor por unidade consumida (V). Fórmula:

CONTA = (LATUA – LANT) x V

P3.10 – Ler separadamente o primeiro nome e o sobrenome de uma pessoa e em seguida exibi-los no formato bibliográfico. Exemplo: Nome: '**João**' e Sobrenome: '**Silva**' devem produzir a saída **"Silva, João"**

P3.11 – Escreva algoritmos para calcular a área de um triângulo, são conhecidos:

a. sua base e altura apenas;

$$\text{Área} = \frac{\text{base} \times \text{altura}}{2}$$

b. seus lados.

Lados: A, B e C

$$P = \frac{(A + B + C)}{2}$$

$$\text{ÁREA} = \sqrt{P \times (P - A) \times (P - B) \times (P - C)} - (\text{Fórmula de Herão}^{6})$$

Para calcular a raiz quadrada use: ÁREA = `mat.raiz ((P * (P-A) * (P-B) * (P-C)), 2.0)`

P3.12 – Escreva um algoritmo para ler uma temperatura dada na escala Celsius e exibir a equivalente em Fahrenheit. Para realizar a conversão, use a fórmula a seguir:

$$F = \frac{9}{5} \times C + 32$$

P3.13 – Assinale V (Verdadeiro) e F (Falso) para cada uma das afirmativas a seguir:

a. ( ) Cada dado a ser informado pelo usuário requer a definição de uma variável no corpo do algoritmo.
b. ( ) Existe sempre uma fórmula única para cada problema a ser resolvido.
c. ( ) A tabela de testes permite ao programador avaliar a solução do problema.
d. ( ) O programador deve conhecer detalhes sobre o funcionamento interno dos computadores para poder escrever algoritmos melhores.
e. ( ) A instrução de atribuição é utilizada apenas para registrar o resultado de processos de contagem.
f. ( ) A ordem das instruções em problemas simples não é relevante.
g. ( ) Um programador deve ter a postura semelhante a de um pesquisador, evitando assim de ser enganado pelas primeiras impressões na busca da solução de um problema.
h. ( ) O uso de uma metodologia de programação só atrapalha o talento nato do programador.
i. ( ) A primeira versão de um algoritmo é sempre a mais eficiente.
j. ( ) Não existe problema sem solução.
k. ( ) Rastrear a solução do algoritmo é pura perda de tempo.

---

[6] Herão ou Heron foi um matemático grego, que desenvolveu uma fórmula para calcular a área de um triângulo a partir dos seus lados. Mais detalhes: http://clubes.obmep.org.br/blog/sala-para-leitura_023-formula-de-herao/

P3.14 – Escreva um algoritmo que calcula a velocidade final (V) de um corpo que tem velocidade inicial (Vo), aceleração (A) em um tempo (T).

Fórmula: $V = Vo + A \times T$

P3. 15 – Escreva um algoritmo que calcula o valor da força (F) em função da massa (M) e da aceleração (A) de um corpo qualquer.

Fórmula: $F = M \times A$

P3. 16 – Escreva um algoritmo que calcula o trabalho realizado por uma força. Através da fórmula: T = F x D, onde "F" é o valor da força e "D" é a distância percorrida pelo corpo, sobre o qual a força é exercida.

P3. 17 – Escreva um algoritmo que calcula a quantidade de movimento (Q) de um corpo de massa (M) que se deslocou com uma velocidade (V).

Fórmula: $Q = M \times V$

P3. 18 - Escreva um algoritmo que calcula a pressão (P) de uma força (F) sobre uma área (A).

Fórmula: $P = \frac{F}{A}$

P3. 19 - Escreva um algoritmo que calcula o valor a pagar de um cartão de crédito.

Use a fórmula:

APAGAR = SDOANT + COMPRAS - PAGTO

P3. 20 - Escreva um algoritmo que calcula o novo valor do aluguel (NOVALUG) de um imóvel a partir do valor antigo (ANTALUG) e do índice do IGPM.

Fórmula: $NOVALUG = ANTALUG \times \frac{(1 + IGPM)}{100}$

P3.21- Escreva um algoritmo que calcula o total de pontos (TOTPONT) de uma Equipe no campeonato Brasileiro, a partir do número de vitórias (NVIT) que valem 3 pontos cada e o número de empates (NEMP) que vale 1 ponto.

Fórmula: **TOTPONT = (NVIT x 3) + NEMP**

P3.22 – Um investidor precisa fazer um algoritmo para calcular a rentabilidade de uma aplicação na poupança. Sabendo-se que a poupança rende 0,5% ao mês, calcule o rendimento de um valor a ser aplicado em um mês da poupança.

P3.23 – Um trabalhador tem direito ao FGTS, que é calculado como sendo 8% do valor do salário mensal do funcionário. Escreva um algoritmo que a partir do salário do trabalhador, calcule o depósito do seu FGTS.

P3.24 – Em uma eleição com 3 candidatos a presidente, precisa-se saber o total de votos válidos recebidos por cada candidato para saber se o candidato com o maior número de votos obteve mais de 50% do total de votos para ser determinada a sua vitória. Serão informados o número de votos do mais votado (N1), do segundo colocado (N2) e do terceiro (N2). Calcule o percentual de votos do candidato mais votado.

P3.25 – O orçamento de um município tem percentuais fixos para educação (25%), saúde (15%) e folha de pessoal (47%). Sabendo o valor total do orçamento anual do município, determine os valores a serem aplicados na educação, saúde e pessoal.

P3.26 – A média ponderada de um aluno é calculada a partir das suas notas (**N1** e **N2**) e dos pesos de cada nota (**P1** e **P2**). Escreva um algoritmo que calcula a média ponderada do aluno João Silva usando a fórmula a seguir:

Fórmula: $$\text{MEDP} = \frac{(\text{N1} \times \text{P1} + \text{N2} \times \text{P2})}{(\text{P1} + \text{P2})}$$

P3.27 – O IMC (Índice de Massa Corpórea) é um indicador que determina o grau de obesidade de uma pessoa a partir do sua massa em KG e sua altura em metros. Escreva um algoritmo que calcula o IMC de uma pessoa a partir da seguinte fórmula:

Fórmula: $$\text{IMC} = \frac{\text{Massa}}{\text{Alt}^2}$$

P3.28 – O ICMS (Imposto sobre Circulação de Mercadorias) é calculado sobre o valor do produto a ser comprado pelo consumidor. Esse imposto varia de estado para estado, mas o seu valor no estado X é de 17%. Sabendo o valor de venda de um produto, escreva um algoritmo que calcula o imposto e o valor final que a empresa vai receber sem o ICMS.

Capítulo 4

Convertendo os Algoritmos para Python

Ensinar é aprender duas vezes.
Flaubert

Agora que você já escreveu os seus primeiros algoritmos, partiremos para caracterizar a linguagem Python, que será utilizada para escrevermos nossos programas definitivos. A escolha da linguagem Python deve-se à grande aceitação da mesma junto aos programadores no Brasil e no mundo. Estabeleceremos também uma série de características importantes para que se possa fazer uso adequado dessa linguagem, levando em conta os conhecimentos já adquiridos.

De acordo com o site Python Brasil, a linguagem Python é uma das linguagens mais usadas atualmente no mundo todo. Python é uma linguagem de programação de alto nível, interpretada, trabalhando nos paradigmas imperativo, orientado a objetos e funcional. Foi desenvolvida por Guido van Rossum em 1991.

A linguagem Python pode ser obtida por download através do site www.python.org, que reproduzimos abaixo:

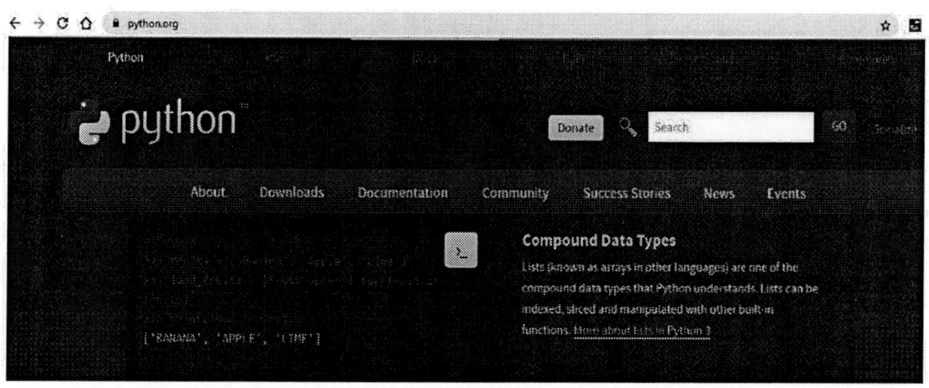

A versão que utilizamos para testar os programas do livro foi o Python for Windows versões 3.6.1 e 3.8.1, cuja interface é apresentada a seguir:

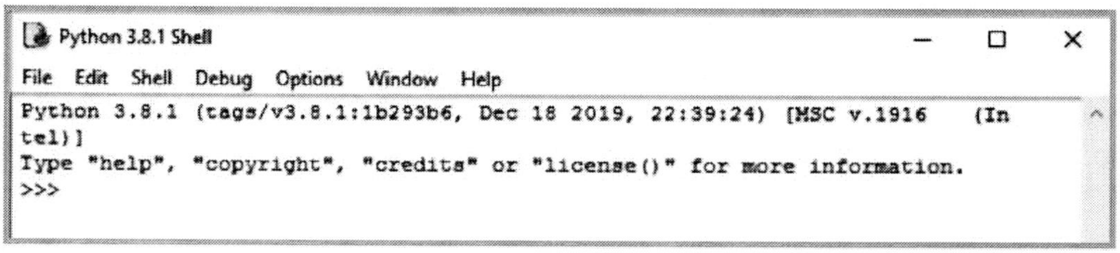

É importante chamar a sua atenção para o fato de que cada implementação de uma linguagem de programação tem pequenas variações sintáticas de uma para outra, podendo variar de um ambiente para outro, sendo necessários pequenos ajustes na digitação dos algoritmos da linguagem Portugol Stúdio para os programas correspondentes na linguagem Python.

A estrutura GERAL de um programa na linguagem Python:

PYTHON
<COMANDOS>

A declaração de variáveis permite que o compilador/interpretador da linguagem solicite a alocação de espaço na memória do computador para conter as mesmas.

Em PYTHON, Nomes de variáveis podem ser compostos de algarismos, letras ou _ (undescore). O primeiro caractere não pode ser um algarismo e os nomes não podem ser **palavras reservadas** (if, while, etc.), que são proibidas. Python é case sensitive, isto é, faz distinção entre letras maiúsculas e minúsculas. A variável **x** é diferente de **X**.

Em uma linguagem de programação, um tipo de dado é um conjunto de valores e um conjunto de operações sobre esses valores. Os **tipos básicos** possíveis de variáveis nas linguagens PYTHON, basicamente, são os mesmos que você já aprendeu na linguagem algorítmica, mas convertidos para a língua inglesa no caso da linguagem PYTHON. Vejamos alguns:

Inteiro – **int** (números inteiros dentro do intervalo de -32768 e +32767);
Real – **float** (números reais com casas decimais);
Cadeia – **str** (cadeia de caracteres);
Lógico – **bool** (variáveis que podem conter apenas dois valores lógicos que são o valor True (verdade) ou o valor False (falso).

Diz-se que a linguagem Python dispõe de uma **tipagem dinâmica e forte**, significando que o tipo das variáveis é determinado quando a mesma é usada, não sendo necessário declarar uma variável antes do seu uso, mas, uma vez feita a opção por um tipo, a variável não pode mudar de tipo.

Observe o exemplo a seguir:

```
PYTHON

X = int(input())
Y = int(input())
SOMA = X + Y
print(SOMA)
```

OBSERVAÇÕES:

1. A função **int** converte a entrada obtida no input para um número inteiro;
2. Em PYTHON, o operador de atribuição é o símbolo " = " (igual);
3. Uma atribuição em PYTHON já cria uma variável, não sendo obrigatória a sua declaração, explicitando uma linguagem "**tipada dinamicamente**" (flexível na gestão de variáveis).

4.1 Comandos Básicos

4.1.1 Atribuição

O comando de atribuição é o comando utilizado para guardar um determinado valor em uma variável.

```
PYTHON

<VARIÁVEL > = <EXPRESSÃO>

Exemplos:

1.    TOTAL  = 0
2.    SOMA  = SOMA+1
3.    MENSAGEM = "ERRO DE DIGITAÇÃO"
```

Explicações:

1. A variável TOTAL vai receber o valor 0 (zero);
2. A variável SOMA receberá seu valor anterior acrescido de mais uma unidade, podendo ser escrito também como SOMA++
3. A variável MENSAGEM receberá a expressão 'ERRO DE DIGITACAO'.
4. Observe que alguns operadores matemáticos são semelhantes aos que você aprendeu anteriormente: Adição: +; Subtração: -. Existem exceções na Multiplicação: * (asterisco) e a divisão que é a / (barra).
5. A atribuição em Python tem uma maior flexibilidade, podendo ser feitas múltiplas atribuições em um único comando. Por exemplo, a atribuição **A,B = 3,4** seria igual aos dois comandos **A=3** e **B=4.**

4.1.2 Entrada de Dados

Formato Geral:

PYTHON
<VARIÁVEL > = input() Exemplos: 1. IDADE = int(input()) 2. SALARIO = float(input()) 3. X = input()

OBSERVAÇÕES:

1. A variável IDADE vai receber o valor inteiro equivalente ao digitado pelo teclado;
2. O valor digitado será convertido em um número decimal e armazenado na variável SALARIO;
3. Será armazenado o texto digitado para a variável X;
4. O padrão do resultado da função de entrada de dados, **input(),** é do tipo **str**, isto é, uma cadeia de caracteres, sendo necessário usar funções auxiliares de conversão de string para inteiro (**int()**) e para ponto flutuante (**float**).

4.1.3 Comando de Saída

Formato Geral:

PYTHON
<print> (<LISTA-DE-SAÍDA>) Exemplo: 1. print (IDADE) 2. print (SALARIO, FALTAS) 3. print ("O NOME FOI: ", NOME)

Explicações:

1. A variável IDADE será exibida no dispositivo de saída;
2. Serão exibidos os valores das variáveis SALARIO e FALTAS, nesta ordem;
3. Serão exibidas na tela do computador hipotético a mensagem "O NOME DIGITADO FOI:" seguido do conteúdo que está armazenado na variável NOME.

b) Errado

IFMT - Informática - 2018) – Considere o seguinte fragmento de código-fonte, escrito em linguagem

a

ecução de todos os comandos, qual é o resultado apresentado pelo comando abaixo?

c) 36 d) 63 e) a

IFPI – 2016) - A linguagem de programação Python possui lançamento periódico de versões. Uma
modificações entre suas versões se deu no lançamento do Python3 em comparação com o Python2.
de importação de pacotes ou tratamento de dados, executando a expressão x = 3/2 em uma versão de
n uma versão do Python3. O resultado armazenado na variável x em cada versão será:

Python2 e 1.5 no Python3
thon2 e 1.5 no Python3
thon2 e 1 no Python3
thon2 e 2 no Python3
ll em ambos pois apresentará um erro ao executar a expressão

POSCOMP 2016 – Questão 28) - Assinale a alternativa que apresenta o nome de uma linguagem
nâmica:

) C. c) Python. d) Pascal. e) C#.

POSCOMP 2018 - Questão 31) – Assinale a alternativa correta em relação ao Paradigma Imperativo
s de Programação.
aseado na arquitetura de Von Neumann.
igma de linguagens não tipadas.
igma de linguagens orientadas a objeto.
do na arquitetura de Harvard.
e uma sequência de passos que mudam o estado de um programa.

POSCOMP 2018 - Questão 38) – Sobre tipos de dados, é correto afirmar que:

oleanos são valores que são mantidos fixos pelo compilador.
e é um tipo inteiro duplo com menor precisão do que o tipo inteiro.
e valores dos tipos inteiros tem somente dois elementos: um para verdadeiro e outro para falso.
versão de tipos implícita consiste em uma modificação do tipo de dados executado, automaticamente,
pilador.
natrizes e ponteiros são exemplos de tipos de dados primitivos (básicos).

OBSERVAÇÃO:

Existe a possibilidade de usarmos caracteres de controle de impressão para produzir efeitos na saída. Por exemplo, a sequência **\n** força um salto de linha:

print ("O salto de linha vai ocorrer logo depois de mim \n")

2) Outros caracteres de formatação de saída:

Número	Caractere	Formato Saída
1	**d** ou **i**	Inteiro
2	**F**	Ponto Flutuante
3	**C**	Caractere
4	**S**	String
5	%	Caractere de Formatação

COMANDO	SAÍDA
1. print ("Meu time eh %d vezes campeão brasileiro!" %(4))	-> Meu time eh 4 vezes campeão!
2. print ("O Brasil tem %7.2f milhões habitantes." %(205.5))	-> O Brasil 205.50 milhões habitantes.
3. print ("Meu sangue eh: %c. Bem comum. " %(B))	-> O meu sangue eh: B. Bem comum.
4. print ("Meu nome eh: %s. Nome comum! " %("Joao"))	-> Meu nome eh: Joao. Nome comum!
5. print ("Olá",**end**="")	-> opção **end=""** não salta linha
print ("Tudo bem?"	-> **Tudo bem?** sairá na mesma linha

Exercícios Resolvidos

R4. 01 – Resolva o problema P3.01 usando a linguagem Python.

O problema P3. 01 pede para calcular o triplo de um número qualquer, **ficando assim:**

ALGORITMO	PYTHON

// Programa Triplo
 	
programa P301
{
funcao inicio()
{
inteiro NUM,TRIPLO
 	
Leia (NUM)
TRIPLO = 3 x NUM
Escreva (TRIPLO)
}
}
	# Programa Triplo
	
	NUM = int(input())
	
	TRIPLO = 3 * NUM
	
	print (TRIPLO)

Explicação: O caractere "#" (Python) indica que depois dele vem um comentário

R4.02 – Escreva um programa que calcula a conta final de um dado cliente na KI LANCHE que possui os seguintes preços:

PRODUTO	PREÇO (R$)
Hamburger	6,50
Cheeseburger	7,00
Fritas	3,00
Refrigerante	1,00
Milkshake	4,00

Explicação da solução: a conta total é o somatório da multiplicação da quantidade de cada produto pelo seu preço unitário. Matematicamente teríamos:

$$\text{Conta} = \sum_{n-1}^{n} Q_1 * P_1$$

PYTHON

```
TGERAL = 0.00
QHAMB = int(input ("Quantidade Hamburguer: "))
QCHES  =  int(input ("Quantidade Cheesburger: "))
QFRIT   =   int(input ("Quantidade de Fritas: "))
QREFR =  int(input ("Quantidade de Refri: "))
QMILK =  int(input ("Quantidade de Milkshake: "))

TGERAL  = (QHAMB* 6.5) + (QCHES*7) +   (QFRIT*3)
          + (QREFR*1) +    (QMILK*4)
Print ("O TOTAL GERAL A PAGAR EH: ", TGERAL)
```

Exercícios Propostos

P4.01 – Qual o significado de uma atribuição? Suponha A=3 e B=4, quais seriam os valores finais de A, B e C na seguinte atribuição: C = A * B – 4?

P4.02 – A ordem das atribuições é importante? A=B e C=A tem o mesmo efeito de C=A e A=B?

P4.03 – Converta todos os algoritmos propostos do capítulo 3 para programas PYTHON e execute-os em seu computador.

P4.04 – Aponte os erros no programa PYTHON a seguir:

Comandos

```
# Programa P404
#Variaveis NUM e TRIPLO são  inteiras
#
input (NUM1);
TRIPLO = 3 * NUM
Dobro = 2 * NUM;
print ( "Triplo: ", TRIPLO)
print "FIM"
```


P4.05 – Assinale V (Verdadeiro) e F (Falso) para cada uma das afirmativas a

a. ( ) O ";" (ponto e vírgula) determina o fim do comando em PYTHON.
b. ( ) A "," (vírgula) separa elementos dentro de um comando em PYTHON
c. ( ) Todo programa em PYTHON termina com a palavra reservada END.
d. ( ) Em PYTHON, uma palavra reservada pode ser usada para dar nome a
e. ( ) A palavra reservada **var** inicia a declaração de variáveis em PYTHON.
f. ( ) Cada comando de um algoritmo deve ter o seu correspondente na lingu
g. ( ) Em PYTHON, o comando **print** escreve no dispositivo de saída, mas n o cursor sempre na linha atual.
h. ( ) O comando **print** em PYTHON escreve no dispositivo de saída e gera na linha seguinte à atual.
i. ( ) Em PYTHON o operador "=" é exclusivo do comando de atribuição.
j. ( ) Todo programa PYTHON é iniciado com a palavra reservada **"prograr**
k. ( ) A linguagem PYTHON não faz distinção entre letras maiúsculas e minu as variáveis **NOME** e **nome** são uma única variável.
l. ( ) Em Python não há distinção entre nomes maiúsculos e minúsculos.
m. ( ) Todo programa em PYTHON é iniciado com "{ " e finalizado com }.
n. ( ) Em geral um programa em Python só são usadas letras minúsculas.
o. ( ) Em Python, há distinção entre nomes maiúsculos e minúsculos? "MAIC

P4. 06 – Aponte os erros no programa em PYTHON a seguir:

Comandos

```
# Exemplo Dobro
{
  int Dobro, num
  num = input()
  dobro: = 2 * num;
  print("DOBRO =" Dobro);
}
```

P4. 07 – (Parque Tecnológico – programador – 2012) - No comando de atri ***valor = input("Digite um valor: ")***, qual o tipo da variável ***valor***?

a) str b) bool c) int d) float e) file

P4.08 – (CESPE – Analista Desenvolvimento - 2008) – Avalie a afirmação: "Python é uma linguagem livre de alto nível, orientada a objetos e de difícil l de linhas de código".

a) Certo

P4.09 –
PYTHON:
a = 3
*b = a * 2*
a, b = b,

Após a ex
print(a)

a) 3 b) 6

P4.10 –
das maiores
Sem utilizar
Python2 e er

a) 1.5 no
b) 1 no P
c) 1 no P
d) 1 no P
e) Será nu

P4-11 –
de tipagem d

a) Java.

P4-12 –
de Linguager
a) Não é
b) É parad
c) É parad
d) É basea
e) Descrev

P4-13 –

a) Tipos b
b) O doub
c) A faixa
d) Uma co
pelo co
e) Vetores,

OBSERVAÇÃO:

Existe a possibilidade de usarmos caracteres de controle de impressão para produzir efeitos na saída. Por exemplo, a sequência **\n** força um salto de linha:

print ("O salto de linha vai ocorrer logo depois de mim \n")

2) Outros caracteres de formatação de saída:

Número	Caractere	Formato Saída
1	**d** ou **i**	Inteiro
2	**F**	Ponto Flutuante
3	**C**	Caractere
4	**S**	String
5	%	Caractere de Formatação

COMANDO	SAÍDA
1. print ("Meu time eh %d vezes campeão brasileiro!" %(4))	-> Meu time eh 4 vezes campeão!
2. print ("O Brasil tem %7.2f milhões habitantes." %(205.5))	-> O Brasil 205.50 milhões habitantes.
3. print ("Meu sangue eh: %c. Bem comum. " %(B))	-> O meu sangue eh: B. Bem comum.
4. print ("Meu nome eh: %s. Nome comum! " %("Joao"))	-> Meu nome eh: Joao. Nome comum!
5. print ("Olá",**end**="")	-> opção **end=""** não salta linha
print ("Tudo bem?"	-> **Tudo bem?** sairá na mesma linha

Exercícios Resolvidos

R4. 01 – Resolva o problema P3.01 usando a linguagem Python.

O problema P3. 01 pede para calcular o triplo de um número qualquer, **ficando assim:**

<table>
<tr><th>ALGORITMO</th><th>PYTHON</th></tr>
<tr><td>// Programa Triplo

programa P301
{
funcao inicio()
 {
   inteiro NUM,TRIPLO

   Leia (NUM)
   TRIPLO = 3 x NUM
   Escreva (TRIPLO)
 }
}</td><td># Programa Triplo

NUM = int(input())

TRIPLO = 3 * NUM

print (TRIPLO)</td></tr>
</table>

Explicação: O caractere "#" (Python) indica que depois dele vem um comentário

R4.02 – Escreva um programa que calcula a conta final de um dado cliente na KI LANCHE que possui os seguintes preços:

PRODUTO	PREÇO (R$)
Hamburger	6,50
Cheeseburger	7,00
Fritas	3,00
Refrigerante	1,00
Milkshake	4,00

Explicação da solução: a conta total é o somatório da multiplicação da quantidade de cada produto pelo seu preço unitário. Matematicamente teríamos:

$$\text{Conta} = \sum\nolimits_{n-1}^{n} Q_1 * P_1$$

PYTHON

```
TGERAL = 0.00
QHAMB = int(input ("Quantidade Hamburguer: "))
QCHES  =  int(input ("Quantidade Cheesburger: "))
QFRIT   =   int(input ("Quantidade de Fritas: "))
QREFR =  int(input ("Quantidade de Refri: "))
QMILK =  int(input ("Quantidade de Milkshake: "))

TGERAL  = (QHAMB* 6.5) + (QCHES*7) +   (QFRIT*3)
            + (QREFR*1) +    (QMILK*4)
Print ("O TOTAL GERAL A PAGAR EH: ", TGERAL)
```

Exercícios Propostos

P4.01 – Qual o significado de uma atribuição? Suponha A=3 e B=4, quais seriam os valores finais de A, B e C na seguinte atribuição: C = A * B – 4?

P4.02 – A ordem das atribuições é importante? A=B e C=A tem o mesmo efeito de C=A e A=B?

P4.03 – Converta todos os algoritmos propostos do capítulo 3 para programas PYTHON e execute-os em seu computador.

P4.04 – Aponte os erros no programa PYTHON a seguir:

Linha	Comandos
1	# Programa P404
2	#Variaveis NUM e TRIPLO são inteiras
3	#

```
4         input (NUM1);
5.        TRIPLO = 3 * NUM
6         Dobro = 2 * NUM;
7         print ( "Triplo: ", TRIPLO)
8         print "FIM"
```

P4.05 – Assinale V (Verdadeiro) e F (Falso) para cada uma das afirmativas a seguir:

a. ( ) O ";" (ponto e vírgula) determina o fim do comando em PYTHON.
b. ( ) A "," (vírgula) separa elementos dentro de um comando em PYTHON.
c. ( ) Todo programa em PYTHON termina com a palavra reservada END.
d. ( ) Em PYTHON, uma palavra reservada pode ser usada para dar nome a uma variável.
e. ( ) A palavra reservada **var** inicia a declaração de variáveis em PYTHON.
f. ( ) Cada comando de um algoritmo deve ter o seu correspondente na linguagem de programação.
g. ( ) Em PYTHON, o comando **print** escreve no dispositivo de saída, mas não gera uma nova linha, deixando o cursor sempre na linha atual.
h. ( ) O comando **print** em PYTHON escreve no dispositivo de saída e gera uma nova linha, deixando o cursor na linha seguinte à atual.
i. ( ) Em PYTHON o operador "=" é exclusivo do comando de atribuição.
j. ( ) Todo programa PYTHON é iniciado com a palavra reservada **"program".**
k. ( ) A linguagem PYTHON não faz distinção entre letras maiúsculas e minúsculas, podendo ser afirmado que as variáveis **NOME** e **nome** são uma única variável.
l. ( ) Em Python não há distinção entre nomes maiúsculos e minúsculos.
m. ( ) Todo programa em PYTHON é iniciado com "{ " e finalizado com }.
n. ( ) Em geral um programa em Python só são usadas letras minúsculas.
o. ( ) Em Python, há distinção entre nomes maiúsculos e minúsculos? "MAIOR" e "maior" são nomes distintos?

P4. 06 – Aponte os erros no programa em PYTHON a seguir:

Linha	**Comandos**
1	# Exemplo Dobro
2	{
3	int Dobro, num
4	num = input()
5	dobro: = 2 * num;
6	print("DOBRO =" Dobro);
7	}

P4. 07 – (Parque Tecnológico – programador – 2012) - No comando de atribuição em Python:
valor = input("Digite um valor: "), qual o tipo da variável ***valor***?

a) str b) bool c) int d) float e) file

P4.08 – (CESPE – Analista Desenvolvimento - 2008) – Avalie a afirmação:
"Python é uma linguagem livre de alto nível, orientada a objetos e de difícil leitura, pois não permite identação de linhas de código".

a) Certo b) Errado

P4.09 – (IFMT - Informática - 2018) – Considere o seguinte fragmento de código-fonte, escrito em linguagem **PYTHON**:

```
a = 3
b = a * 2
a, b = b, a
```

Após a execução de todos os comandos, qual é o resultado apresentado pelo comando abaixo?

```
print(a)
```

a) 3 b) 6 c) 36 d) 63 e) a

P4.10 – (IFPI – 2016) - A linguagem de programação Python possui lançamento periódico de versões. Uma das maiores modificações entre suas versões se deu no lançamento do Python3 em comparação com o Python2. Sem utilizar de importação de pacotes ou tratamento de dados, executando a expressão x = 3/2 em uma versão de Python2 e em uma versão do Python3. O resultado armazenado na variável x em cada versão será:

a) 1.5 no Python2 e 1.5 no Python3
b) 1 no Python2 e 1.5 no Python3
c) 1 no Python2 e 1 no Python3
d) 1 no Python2 e 2 no Python3
e) Será null em ambos pois apresentará um erro ao executar a expressão

P4-11 – (POSCOMP 2016 – Questão 28) - Assinale a alternativa que apresenta o nome de uma linguagem de tipagem dinâmica:

a) Java. b) C. c) Python. d) Pascal. e) C#.

P4-12 – (POSCOMP 2018 - Questão 31) – Assinale a alternativa correta em relação ao Paradigma Imperativo de Linguagens de Programação.

a) Não é baseado na arquitetura de Von Neumann.
b) É paradigma de linguagens não tipadas.
c) É paradigma de linguagens orientadas a objeto.
d) É baseado na arquitetura de Harvard.
e) Descreve uma sequência de passos que mudam o estado de um programa.

P4-13 – (POSCOMP 2018 - Questão 38) – Sobre tipos de dados, é correto afirmar que:

a) Tipos booleanos são valores que são mantidos fixos pelo compilador.
b) O double é um tipo inteiro duplo com menor precisão do que o tipo inteiro.
c) A faixa de valores dos tipos inteiros tem somente dois elementos: um para verdadeiro e outro para falso.
d) Uma conversão de tipos implícita consiste em uma modificação do tipo de dados executado, automaticamente, pelo compilador.
e) Vetores, matrizes e ponteiros são exemplos de tipos de dados primitivos (básicos).

Capítulo 5

Aprendendo a Decidir

Teremos o destino que tenhamos decidido.
Albert Einstein

5.1 Decisão ou Seleção

A tomada de decisão é uma constante em nossas vidas. Os algoritmos e programas resolvem, na maioria das vezes, problemas cotidianos, s}o comum termos decisões para serem tomadas.

Existe uma estrutura algorítmica conhecida por **Decisão** ou **seleção** que serve para aplicar nesses casos.

Esta estrutura de decisão condiciona a execução de um ou mais comandos à veracidade de uma condição testada.

5.2 Comando Se

```
se (<condição>)
{      <comando1> }
[<senao> {
     <comando2>] }
```

Se a <condição> for verdadeira, será executado o <comando1> e em caso contrário, teremos a execução de <comando2>. Você deve atentar para o fato de que a cláusula **senao** é opcional, podendo aparecer ou não no algoritmo. Observe a obrigatoriedade das chaves "{}" delimitando o(s) comando(s) a executar.

A decisão deve ser sempre usada quando há necessidade de testar alguma condição e em função da mesma, tomar uma atitude.

EXEMPLOS

```
1. se (I == 0) {
       I = 1
}
```

```
2. se (A > B) {
MAX =A }
    senao {
MAX = B }

3. leia(NUM)
    se (NUM == 2) {
escreva ("NUM EH IGUAL A DOIS")
}
    Senão {
   escreva ("NUM EH DIFERENTE DE DOIS")
         }
```

Explicações:

1. Se o conteúdo da variável **I for igual a 0** (zero) então **I** receberá a atribuição do valor **1** (um).
2. Se **A for maior que B** então a variável **MAX** receberá o conteúdo de **A**.
3. Se o número lido for **igual a 2** (dois) então escreva na tela a mensagem **NUM É IGUAL A DOIS** e em caso contrário escreva a mensagem **NUM É DIFERENTE DE DOIS.**

Exercícios Resolvidos

R5.01 – Converta o algoritmo do exemplo 1 para as linguagens Python:

A sintaxe é semelhante, ficando assim o formato geral:

PYTHON

if <condição>:
  <comando1>
else:
  <comando2>

Ficando assim:

Algoritmo	PYTHON

se I == 0 {
  I = 1 }
	if I == 0:
	  I = 1

R5.02 – Converta o algoritmo do exemplo 2 para as linguagens Python:

ALGORITMO	PYTHON

Se A > B {
  MAX = A }
senao {
  MAX = B }
	if A > B:
	  MAX = A #Veja Recuo
	else:
	  MAX = B #Veja Recuo

Explicação: Você deve observar que a linguagem Portugol Stúdio usa as chaves "{" "}" para determinar um bloco de comandos, enquanto que na linguagem Python não. Para determinar essa relação de subordinação, o Python faz uso dos recuos para saber quais instruções deve executar em cada situação. Esse recuo é conhecido com **identação** ou **endentação.** O conjunto de comandos dentro das chaves ou em um mesmo recuo recebe o nome de **bloco**.

R5.03 – Converta o algoritmo do exemplo 3 da **seção 5.2** para as linguagens Python:

Linguagem Algorítmica:

```
....
leia(NUM)
se NUM == 2
{
    escreva ("NUM EH IGUAL A DOIS")
}
senao {
   escreva ("NUM EH DIFERENTE DE DOIS")
}
...
```

PYTHON

....
NUM = int(input())
if NUM == 2:
   print('NUM É DOIS')
else:
   print ('NUM DIFERENTE DE DOIS')
....

Exercícios Propostos

A – Escreva algoritmos completos para resolver os problemas a seguir:

P5.01 – Determinar qual é o maior dentre dois números distintos digitados pelo teclado.

P5.02 – Determinar quem é o mais alto dentre dois amigos com alturas e nomes informados pelo teclado.

P5.03 – Ler dois números e dizer se eles são iguais ou quem é o maior e quem é o menor entre os mesmos.

B – Escreva programas para solucionar os seguintes problemas:

P5.04 – Resolver o problema P5.01.

P5.05 – Resolver o problema P5.02.

P5.06 – Resolver o problema P5.03.

Outros Exemplos (propositadamente, o código está focado na parte mais relevante, ficando omitido o início e o fim do código, usando ....):

EXEMPLO 4:

PYTHON

```
......
print ('Digite um número inteiro')
I = int(input())

if I > 0:
   print ("O número ", I, " eh maior que zero")
if I > 2:
   print ("O número ", I, "  eh maior que dois ")
if I > 4:
   print ("O número ", I, " eh maior que quatro ")
......
```

OBSERVAÇÃO:

1. Esses **Ifs** são ditos **independentes** porque não possuem nenhuma relação entre si. Se o valor de **I** for 5, por exemplo, serão apresentadas as 3 mensagens. O fato de entrar em uma condição não exclui a análise e a execução dos demais comandos.

EXEMPLO 5:

PYTHON

```
......
print ("Digite um número Inteiro ")
I = int(input())

 if I < 2:
    print ("O numero ", I , "eh  < 2 ",I)
 elif  I < 4:
     print ('O numero ', I, "eh  > 2  e < 4')
 elif I < 6:
     print ("O numero ",I, " eh > 4  e < 6 ")
 else:
     print ("O número ", I, " eh  >  6 ")
 ......
```

OBSERVAÇÕES:

1. Esses **Ifs** são chamados de **mutuamente exclusivos ou aninhados** porque uma condição exclui a outra automaticamente. Não poderá acontecer, em hipótese alguma, a exibição de mais de uma mensagem. Apenas uma delas será exibida. Observe que os comandos subordinados a um comando IF estão recuados dando a ideia de dependência do teste da condição para serem executados. Esse recuo é obrigatório em Python.

5.3 Comando Escolha

É uma outra forma de escrever **Ifs** mutuamente exclusivos. Este comando consiste na avaliação de condições, onde para cada uma dessas condições está associado a um comando (simples ou composto). Estes comandos estão associados às condições de forma mutuamente exclusiva, isto é, a execução de um determinado comando associado a uma condição qualquer, exclui a execução dos demais. No caso de nenhuma condição ser satisfeita, pode-se determinar a execução de um COMANDO-EXTRA. É a segunda estrutura de decisão que utilizaremos. Formato Geral:

```
Escolha (<VARIÁVEL-OPCAO>)
    caso CONDIÇÃO-1 : <COMANDO-1> pare
    caso CONDIÇÃO-2 : <COMANDO-2> pare
.
.
CONDIÇÃO-N : <COMANDO-N> pare
   Caso contrario:
<COMANDO-EXTRA>
```

Explicação: cada opção tem o seu <COMANDO-i> associado a ser executado, após a sua execução, o comando pare, força a saída e a não execução das demais opções, forçando o caráter mutuamente exclusivo das escolhas. Python não dispõe de um comando equivalente ao ESCOLHA.

EXEMPLOS:

Exemplo 1 - ALGORITMO	Exemplo 2 - PYTHON

programa
{
funcao inicio()
{
inteiro OPCAO
 	
leia (OPCAO)
 	
escolha (OPCAO)
    caso 0:
        escreva('OPCAO-0')
        pare
    caso 1:
        escreva('OPCAO-1')
        pare
    caso 2:
        escreva('OPCAO-2')
        pare
    caso 3:
        escreva('OPCAO-3')
        pare
    caso-contrario:
        escreva('NENHUM COMANDO')
 }
}
	# Alternativa ao comando ESCOLHA
	
	OPCAO = int(input("Sua Opcao: "))
	
	if OPCAO == 0:
	    print ("OPCAO-0")
	elif OPCAO == 2:
	    print ("OPCAO-1")
	elif OPCAO == 2:
	    print ("OPCAO-2")
	elif OPCAO == 3:
	    print ("OPCAO-3")
	else:
	    print ("NENHUM COMANDO")

Exercícios Propostos

P5.07 – Resolva o problema P5.01 usando o comando ESCOLHA.
P5.08 – Reescreva a solução do problema P5.02 usando o comando ESCOLHA.
P5.09 – Resolva o problema P5.03 usando o comando ESCOLHA.

Você deve estar sentindo necessidade de montar expressões mais complexas do que as que temos usado até o momento. Então vamos aprofundá-las:

5.4 Usando Expressões mais Complexas

As expressões são construções algorítmicas especificadas por regras para calcular valores ou ter como resposta um valor lógico ("falso" ou "verdadeiro").

As expressões são classificadas em lógicas ou aritméticas, dependendo do resultado das mesmas. Elas são constituídas por variáveis e/ou constantes que são combinadas por **operadores** preestabelecidos.

Os principais operadores são apresentados nas tabelas a seguir:

5.4.1 Aritméticos

Prioridade	Operador	Operação	Exemplo	Explicação
1°	+	Sinalização	+1	Sinal de positivo
1°	-	Sinalização	-1	Sinal de negativo
2°	*	Multiplicação	A * B	A vezes B = A x B
2°	/	Divisão	5 / 3	5 dividido por 3
3°	//	Divisão inteira	5 // 3	5 dividido inteiramente por 3 = 1
3°	%	Resto da divisão	5 % 3	O resto da divisão de 5 por 3 é 2
4°	+	Adição	5 + 3	5 mais 3
4°	-	Subtração	5 - 3	5 menos 3

Observação: Divisão inteira com // aplica-se a Python.

5.4.2 Relacionais

Prioridade	Operador	Operação	Exemplo	Explicação
1°	<	Inferioridade	A < B	A menor que B
1°	==	Igualdade	A == B	A igual a B
1°	<=	Não Maior	A <= B	A menor ou igual a B
1°	!=	Diferença	A != B	A diferente de B
1°	>=	Não Menor	A >= B	A maior ou igual a B
1°	>	Superioridade	A > B	A maior que B

5.4.3 Lógicos

Prioridade	Operador	Operação	Exemplo	Explicação
1°	**NOT ou !**	Negação	NOT A	Negação de A
2°	**AND ou &&**	E lógico	A AND B	A e B
2°	**OR ou !!**	OU lógico	A OR B	A ou B

Os operadores lógicos ajudam a compor as expressões lógicas. As entradas desses operadores são os valores lógicos Verdadeiro ou Falso. O resultado de uma expressão lógica também é dado em termos de V ou F. Vejamos como comportam-se esses operadores na tabela verdade a seguir:

A	B	A AND B	A OR B	NOT A	NOT B	NOT (A AND B)	NOT (A OR B)
F	F	F	F	V	V	V	V
F	V	F	V	V	F	V	F
V	F	F	V	F	V	V	F
V	V	V	V	F	F	F	F
(1)	(2)	(3)	(4)	(5)	(6)	(7)	(8)

As colunas 1 e 2 são as variáveis lógicas A e B. A coluna 3 é a função lógica AND (e lógico). A coluna 4 é a função lógica OR (ou lógico). A coluna 5 é a função NOT aplicada sobre a coluna 1 (a negação de A). A coluna 6 é a negação da coluna 2. A coluna 7 é a negação da coluna 3 e a coluna 8 é a negação da coluna 4.

5.5 Avaliação de Expressões

Para avaliar uma expressão, as operações são analisadas da esquerda para a direita, de acordo com regras de prioridade condizentes com a sequência das tabelas de operadores (do maior para o menor), respeitando determinadas ordens de precedência ditadas pela colocação de parênteses, que pode mudar a hierarquia das operações, sendo resolvidos primeiro os parênteses mais internos.

Os operadores podem ser relacionados quanto à prioridade de avaliação, da seguinte forma:

Aritméticos > Relacionais > Lógicos

Exercícios Resolvidos

R5.04 – Resolver cada uma das expressões a seguir passo a passo, demonstrando a sequência de resolução das mesmas.

a. X = 1 + 2 – 4 * 7

Avaliação: 1°. (4 * 7) = 28
2°. (1 + 2) = 3
3°. (3 – 28) = -25

b. X = 1 + (2 – 4) * 7

Avaliação: 1°. (2-4)
2°. (-2*7) = -14
3°. (1+ (-14)) = -13

c. 8 > 10 e 5 < 6

Avaliação: 1°. (8 > 10) = F

2°. (5 < 6) = V
3°. (F e V) = F

d. 4 / 2 * 3

Avaliação: 1°. (4 / 2) = 2
2°. (2 * 3) = 6

e . não 3 > 2 ou 5 = 5 e 3 > 5

Avaliação: 1°. 3 > 2 = V
2°. 5 = 5 = V
3°. 3 > 5 = F
4°. NOT V = F
5°. V AND F = F
6°. F OR F = F

f. (NOT 3 > 2 OR 5 = 5) AND 3 > 5

Avaliação: 1°. 3 > 2 = V
2°. 5 = 5 = V
3°. NOT V = F
4°. F OR V = V
5°. 3 > 5 = F
6°. V AND F = F

g. NOT (1 + 2 > 3 OR 1 = 2 AND V)

Avaliação: 1°. 1 + 2 = 3
2°. 1 = 2 = F
3°. 3 > 3 = F
4°. F AND V = F
5°. F OR F = F
6°. NOT F = V

5.6 Funções Predefinidas

Todas as linguagens de programação dispõem de funções predefinidas que oferecem alguns serviços especiais. Essas funções também podem ser usadas em algumas expressões. Vamos conhecer algumas funções predefinidas em Python:

Função	Exemplo	Resultado	Explicação
int	int (3.5)	3	Parte inteira de 3.5

len	len("oi")	2	Comprimento da cadeia "oi"
abs	abs(-1)	1	Valor absoluto de -1 é 1
float	float (1)	1.0000	Conversão de inteiro para float
chr	chr(97)	"a"	Retorna caractere ASCII de número 97 -> "a"
ord	ord("a")	97	Retorna o número ASCII de um caractere
%	5 % 3	2	Resto da divisão inteira
pow	pow(2,3)	8	Potência: $2^3 = 8$

R5.05 – Altere a solução do exercício **P3.06** para dizer se o aluno está aprovado (média maior ou igual a 7) ou reprovado.

PYTHON

```
NOME=input("Digite Nome: ")
N1=float(input("Nota1: "))
N2=float(input("Nota2: "))
N3=float(inout("Nota3: "))

MEDIA = (N1 + N2 + N3) /3

if MEDIA >= 7:
    print(NOME, MEDIA, " Aprovado")
else:
   print(NOME, MEDIA, " Reprovado")
```

R5.06 – Altere a solução do problema **P3.07** para avisar se a velocidade média do veículo está acima do limite de velocidade de 80 Km/h.

PYTHON

```
KM = float(input("Quilometros: "))
TEMPO = float(input ("Tempo/Horas: "))

VMEDIA = KM / TEMPO

if VMEDIA > 80:
    print ("Velocidade Maxima Excedida")
else:
    print ("Velocidade Maxima não Excedida")
```

R5.07 – Um triângulo é dito ser equilátero se possui os três lados iguais. Para um triângulo qualquer com lados

A, B e C, inteiros, escreva um programa que determine se o mesmo é equilátero ou não.

PYTHON

<pre>A = int(input("Lado A: "))
B = int(input("Lado B: "))
C = int(input("Lado C: "))
 	
if (A == B) and (A == C):
    print ("Triangulo equilatero")
else:
    print ("Triangulo não equilatero")</pre>

Exercícios Propostos

P5.10 – Dê o valor para cada uma das expressões a seguir:

a. 15 * 5 – 3 * 4
b. (28 + 3 * 4) / 2
c. 8 – 30 / 6
d. 12 – 2 / 2 + 3
e . ((28+3) * 4) / 2

P5.11 – Suponha que as variáveis A, B e C possuem os seguintes valores 3, 4 e 5, respectivamente. Determine os valores de D, E, F e G.

a. D = A * B – C   D = _____
b. E = C /4 * 6   E = _____
c. F = B/A + 3   F = _____
d. G = A * (B-C)   G = _____

P5.12 – Escreva as expressões abaixo como expressões na linguagem PYTHON:

P5.13 – Suponha que A=3 e B=5. Qual o resultado da avaliação das expressões a seguir?

a. 2 * 2 <= A
b. 3 * B – 4 < B
c. A<4 OR B > 6
d. NOT B>4 AND A == 3
e . NOT (B>4 AND A == 3)
f. -(5 + 3) > 2 OR 3 > 2 AND 5 == 5
g. 1==1 OR 5 – 7 > 4 AND 3 == 2
h. A + B * 3 % 2 – A * B

P5.14 – Qual a diferença entre SEs mutuamente exclusivos e SEs independentes?

P5.15 – Quando é que se usa SENAO no comando SE?

P5.16 – Escreva um programa que faz a crítica de um número lido. O número deve ser inteiro e deve estar entre 5 e 10 (intervalo fechado).

P5.17 – Determinar se um triângulo qualquer de lados A, B e C é retângulo. Um triângulo é retângulo se obedecer à equação:

$A^2 = B^2 + C^2$

P5.18 – Determinar o maior entre 3 números distintos lidos pelo teclado.

P5.19 – Para um salário informado pelo teclado, calcular o desconto do INSS de acordo com a tabela a seguir:

SÁLARIO (R$)	**% DESCONTO INSS**
Até 420,00	8 %
Acima de 420,00 até 1.350,00	9 %
Acima de 1.350,00	10 %

P5. 20 (CESGRANRIO/2004 - Prefeitura de Manaus)
Seja a seguinte sub-rotina:

```
Algoritmo
    Declare A, B, C, D numérico
    leia A
    leia B
    leia C
    D ß 0
    se  A  <  B e  A <  C
       então
               D ß A
       senão se  B  <  C
                    então
                           D ß B
                     senão
             D ß C
                fim  se
    fim  se
    escreva D
fim  algoritmo
```

Com base no algoritmo acima, e supondo que o valor fornecido para “A” na linha “leia A” seja 10, o valor fornecido para "B" na linha "leia B" seja 7 e o valor fornecido para "C" na linha "leia C" seja 4, pode-se afirmar que o valor da variável "D" na linha "escreva D" é:

a. 0
b. 4
c. 7
d. 10
e. 14

P5. 21 (TJ/PA – Programador de Computador 2006)

```
Início
Inteiro: i, j,num;
j=2;
leia (num)
para i= 2 até (num div 2)
   Se (num mod i) = 0 então
        j:= j + 1;
               Fimse;
                   imprima j;
Fimpara;
Fim.
```

Com base nos dados acima, julgue os itens que completam o seguinte enunciado. Sabendo-se que o comando imprima, imprime seu argumento em uma nova linha, que **div** e **mod** são operadores que correspondem, respectivamente, à divisão inteira e ao resto da divisão inteira, então o algoritmo acima imprime:

I - os divisores do número num;
II - o número de divisores de num;
III - mais de um valor para j;
IV - um único valor para j;
V - (num div 2) ! 1 linhas.
Estão certos apenas os itens

a. I e II.
b. I e IV.
c. II e V.
d. III e V.

P5. 22 - (DPE/SP - Analista Sistemas - 2009) - É utilizada para avaliar uma determinada expressão e definir se um bloco de código deve ou não ser executado.
Essa é a definição da estrutura condicional:
(a) *For*
(b) If...Then...Else
(c) *While*
(d) Do...While
(e) *Next* _

P5. 23 - (HRSM/DF – Analista Sistemas - 2009) - Considerando que X = 7, Y = 3 e Z = VERDADEIRO, julgue os itens abaixo e, em seguida, assinale a opção que apresenta as expressões lógicas cujo resultado é **FALSO.**

I – Y < (Y + X + 3) X OU Z
II – (Y < (10 – X)) E Z
III – (Y * X + X < 30) OU NÃO (Z)
IV – Z OU (X < 10) E (NÃO (Y > 2))

As expressões lógicas cujo resultado é FALSO são:
(a) I e II, apenas.
(b) I, II e III, apenas.
(c) I e IV, apenas.
(d) II, III e IV, apenas

P5.24 - (Programador de Computador - MPE/SC-2009) - Com relação ao trecho de algoritmo abaixo e considerando que C, X, Y e Z são variáveis numéricas inteiras é correto afirmar, **exceto**:

```
LEIA X, Y, Z
SE NÃO (Z > 5) ENTÃO
    C = (X + Y) * Z
SENÃO
    C = (X – Y) * Z
FIMSE
```

a. Os parênteses utilizados têm por objetivo priorizar a expressão do seu interior.
b. A estrutura de seleção utilizada não é um desvio condicional simples.
c. A variável C sofrerá somente uma alteração.
d. Existe apenas um operador lógico.
e. A expressão estabelecida na condição NÃO (Z > 5) significa que o resultado lógico será verdadeiro somente quando Z < 5.

P5.25 - (CESPE – Agente Polícia Federal – 2018) - Considere o programa a seguir, na linguagem Python.

```
if  5 > 2
    {
        print("True!")
    }
```

A sintaxe do programa está correta e, quando executado, ele apresentará o seguinte resultado.
True!
a) Certo b) Errado

P5.26 - (PUC-PR – TJ-MS - Analista de Segurança de TI) - Dentre as seguintes funções, a que serve para converter um caractere único no seu respectivo valor inteiro em Python é:

a) unichr (x)
b) hex (x)
c) oct (x)
d) chr (x)
e) ord (x)

P5.27 – (FGV – MPE-AL – Administrador de Redes – 2018) - Considere os seguintes operadores:

Exponenciação
Comparação de igualdade
Módulo (resto da divisão)

Assinale a lista dos símbolos que, respectivamente, representam esses operadores no Python.

a) ^ == mod
b) ** == %
c) ** = %
d) ** = mod
e) ^ = mod

P5.28 – (POSCOMP-2019 - QUESTÃO 30) – Considere as afirmações abaixo sobre comandos em linguagens de programação:

1. Uma declaração de variável associa um nome a um valor que, geralmente, não pode ser alterado durante a execução do programa.
2. Expressões aritméticas são expressões cujos resultados são valores numéricos, inteiros ou fracionários.
3. Expressões lógicas são aquelas que têm como resultado um dos dois valores, verdadeiro ou falso.

Quais estão corretas?

A) Apenas I. B) Apenas II. C) Apenas III. D) Apenas II e III. E) I, II e III.

Capítulo 6

Estruturas de Repetição

A neve e as tempestades matam as flores, mas nada podem contra as sementes.
Khalil Gibran

6.1 Introdução

Até o momento, se quisermos resolver algum problema que necessite realizar alguma tarefa repetida, teremos que repetir o trecho de código tantas vezes quantas forem as repetições da tarefa.

Vejamos um exemplo:

R6.01 – Escreva um programa que leia a matrícula e a idade de cinco alunos.

PYTHON

```
MATRICULA = input()
IDADE = input()

MATRICULA = input()
IDADE = input()

MATRICULA = input()
IDADE = input()

MATRICULA = input()
IDADE = input()

MATRICULA = input()
IDADE = input()
```

A estrutura de repetição permite que tarefas individuais sejam executadas várias vezes sem que se tenha que repetir o código do algoritmo ou do programa. Vejamos os comandos que permitem a repetição:

6.2 Comando Para ou For

É uma estrutura de controle de repetição a qual se tem associada uma variável que, geralmente, recebe o nome de variável de controle de laço. Esta variável assumirá valores em um intervalo especificado pelo programador e, em função dessa variação, ter-se-á a repetição do comando subordinado ao PARA.

O comando PARA só tem aplicação quando se conhece o número de vezes que se quer repetir o comando ou o intervalo de variação desejado.

Essa é a estrutura mais simples e permite repetir um número determinado de vezes a ação desejada. Vejamos o seu funcionamento:

```
para (<VAR-LAÇO>; <INÍCIO> = 1; <VAR-LAÇO> <= <FIM>; <INCREMENTO>++)
              {
                      <comando>
              }
```

Onde:

<VAR-LAÇO> – variável numérica utilizada para controlar a repetição;
<INÍCIO> – valor inicial que será atribuído à <VAR-LAÇO>;
<FIM> – valor final da variação;
<INCRMENTO> - Incremento a cada repetição;
<comando> – o comando que será repetido.

A variável de laço vai variar crescentemente de <INÍCIO> a <FIM> e durante essa variação teremos a execução de <COMANDO>, sendo válida sempre a seguinte expressão <FIM> >= <INÍCIO> durante a execução do PARA.

R6.02 – Escreva um algoritmo que leia matrícula e a idade de cinco alunos. Utilize a estrutura PARA.

```
programa
{
   funcao inicio()
   {
        inteiro MATRICULA, IDADE

       para (I  = 1; I <=5; I++)
    {
               leia (MATRICULA, IDADE)
    }
}
```

Explicação: I inicia em 1, variando até 5, sendo incrementado de 1 em 1 a cada repetição.

R6.03 – Escreva um programa PYTHON equivalente ao problema anterior.

PYTHON

for I in range (1,6):
    MATRICULA = input ("Matricula: ")
    IDADE = input ("Idade: ")

Explicação: A função **range()** retorna uma série numérica no intervalo enviado como argumento, sendo muito comum o uso da função **range()** com a estrutura **for.** A função **range** precisa ser usada com um índice acima do limite superior para funcionar adequadamente. No exemplo acima, o limite superior foi 6 para poder repetir 5 vezes a leitura das leituras de MATRICULA e IDADE na repetição.

Seu formato geral é:
range ([inicio], [fim], [incremento/decremento])

Alguém pode estar se perguntando e se eu vou precisar de mais de um comando para resolver o problema. Para isso, nós vamos introduzir o conceito de bloco:

Um **Bloco** é constituído por dois ou mais comandos limitados pelos identificadores de Início "{" e Fim "}", na linguagem **Portugol Studio.** Em **PYTHON**, o bloco é definido pelo recuo em relação ao COMANDO-PAI, configurando os comandos que pertencem ao bloco em questão.

Formato Geral:

ALGORITMO	PYTHON

{
    Comando1
    Comando2
    .
    Comandoi
}
	<Comando-Pai>
	    Comando1;
	    Comando2;
	    .
	    Comandoi

Explicação: note que, em Python, todos os comandos estão recuados em relação ao <Comando-Pai>.

R6.04 – Reescreva o programa anterior utilizando um bloco.

PYTHON

for I in range(1,6):
    print("Pessoa de ordem: ", I,)
    NOME=input("Nome: ")
    IDADE= int(input("Idade: "))

Explicação: Em negrito, têm-se o Bloco de comandos que vai ser repetido cinco vezes.

R6. 05 – Escreva na tela todos os números inteiros no intervalo de 1 a 10.

PYTHON
for I in range(1,11):   **print (I)**

OBSERVAÇÃO: veja que para imprimir I de 1 a 10, foi preciso colocar 11 no limite superior do intervalo da função range().

R6.06 – Escreva um Programa para calcular a soma dos números inteiros no intervalo de 1 a 10.

PYTHON

```
SOMA = 0
for I in range(1,11):
    SOMA=SOMA+ I
    print("Valor de I: ", I, " valor de SOMA: ", SOMA)
print ("A soma vale: ", SOMA, " O valor final de I ",I)
```

OBSERVAÇÃO:

A variável SOMA obrigatoriamente deve começar valendo 0 (zero) porque todo somatório deve ser inicializado com o valor inicial zero que é o elemento neutro da adição. Para cada valor de I no intervalo de 1 a 10, a variável SOMA vai acumulando o somatório do valor de I, ou seja,

$$\sum_{I=1}^{10} I = (1+2+3+4+5+6+7+8+9+10) = 55$$

O comando PARA/FOR possui um outro formato para uma variação decrescente da variável de laço:

```
para (I  = 10; I >=1; I--)
    {
                leia (MATRICULA, IDADE)
    }
```

Em Python, seria assim:

PYTHON

```
for <VAR-LAÇO> in range (<INÍCIO>, <FIM>)
    <comando>
```

Onde <**INÍCIO**> > <**FIM**> para que a variação seja decrescente.

R6.07 – Escreva um Programa para calcular a soma dos números inteiros no intervalo de 10 a 1, isto é, de forma decrescente.

PYTHON

SOMA = 0
for I in range (10,0, -1):
    SOMA = SOMA + I
    print ("Valor de I: ",I, "Valor de SOMA: ",SOMA)
print ("valor final de SOMA: ",SOMA)

Explicação da solução: a variação do comando **for** é decrescente, variando de 10 para 1, sendo decrementado de 1 em 1 a cada repetição. A saída do programa seria:

```
Valor de I: 10 Valor de SOMA: 10
Valor de I: 9 Valor de SOMA: 19
Valor de I: 8 Valor de SOMA: 27
Valor de I: 7 Valor de SOMA: 34
Valor de I: 6 Valor de SOMA: 40
Valor de I: 5 Valor de SOMA: 45
Valor de I: 4 Valor de SOMA: 49
Valor de I: 3 Valor de SOMA: 52
Valor de I: 2 Valor de SOMA: 54
Valor de I: 1 Valor de SOMA: 55
Valor final de SOMA: 55
```

R6.08 – Escreva um programa para calcular o fatorial de um número qualquer.

Explicação da solução: o fatorial de um número N qualquer é dado pela fórmula seguinte:

FATORIAL (N) = N x (N – 1) x (N – 2) x .... x 1
FATORIAL (3) = 3 x (3 – 1) x (3 – 2) = 3 x 2 x 1 = 6

Há um caso especial que é o 0 (zero) que, por definição, tem fatorial igual a 1.

A variável FAT vai conter o valor do fatorial. O comando **for** faz a variação dos valores até chegar no valor 1 (um). A atribuição **FAT = FAT * TERMO** faz a multiplicação que gera o valor final do fatorial. A variável FAT recebe o valor inicial 1 para satisfazer os casos do 0 e do 1. Outra explicação importante é que toda variável que vai ser usada para um **produtório** (multiplicações sucessivas) deve receber o valor inicial 1 (elemento neutro da multiplicação).

PYTHON
FAT = 1 NUM = int(input("DIGITE UM NUMERO: ")) for TERMO in range(1,NUM+1):   FAT = FAT * TERMO print("O factorial de ", NUM, " é: ",FAT)

EXERCÍCIOS PROPOSTOS

P6.01 – Escreva um algoritmo/programa que calcula a soma dos quadrados dos números inteiros de 1 a 10.

P6.02 – Escreva um algoritmo que leia um número inteiro, exibindo a mensagem "ALÔ" tantas vezes quanto seja o valor desse número e não faça nada caso o número seja negativo.

P6.03 – Preparar um algoritmo para imprimir a soma do triplo dos 20 primeiros números inteiros.

P6.04 – Gerar a tabuada de um número qualquer no intervalo de 1 a 10. Por exemplo, para o número 5, teríamos a seguinte saída:

```
5 x 1  = 5
5 x 2  = 10
5 x 3  = 15
5 x 4  = 20
5 x 5  = 25
5 x 6  = 30
5 x 7  = 35
5 x 8  = 40
5 x 9  = 45
5 x 10 = 50
```

P6.05 – Gerar a sequência de números: 1, 4, 10, 22, 46, ... Até o décimo termo.

P6.06 – Calcular a média aritmética de uma turma de 20 alunos, onde cada aluno possui 2 notas. O aluno será considerado aprovado com média maior ou igual a sete. Deve ser produzida uma saída impressa para cada um deles, determinando se o aluno foi aprovado ou não. Ao final, informar a média geral da turma.

P6.07 – Gerar e calcular a soma dos 11 primeiros termos da sequência: 1, -1/ 2, 1/4, -1/6, 1/8, -1/10,

P6.08 – Calcular a soma dos quadrados dos 10 primeiros números ímpares.

P6.09 – Gerar a seguinte sequência de números até o 15º termo: 1, 1/3, 1/9, 1/27, ...

Existem outros comandos para realizar a repetição:

6.3 Comando Enquanto

É uma estrutura de controle de repetição que consiste na avaliação de uma expressão e, enquanto essa expressão assumir valor VERDADEIRO, teremos a repetição do(s) comando(s) subordinado(s) ao ENQUANTO e quando a expressão for FALSA, o controle passa ao comando seguinte.

O comando ENQUANTO é mais aplicável quando não se sabe o número de vezes que se quer repetir a ação desejada. Formato Geral:

ALGORITMO	PYTHON

Enquanto (<EXPRESSÃO>)
{
  <COMANDO>
}
	while <EXPRESSÃO>:
	    <COMANDO>

R6.09 – Escreva um programa que mostre os números inteiros no intervalo de 1 a 10.

ALGORITMO	PYTHON

programa
{
  funcao inicio()
  {
    inteiro I
    I = 1
    Enquanto (I<= 10)
    {
      Escreva (I)
      I = I + 1
    }
  }
}
	I =1
	while I <= 10:
	    print(I)
	    I = I + 1

R6.10 – Escreva um programa que solicita a digitação da letra "A" pelo teclado.

OBSERVAÇÃO:

1. Novo tipo de dados **char** : Tipo caractere – apenas um caractere.

PYTHON

```
LETRA = input("DIGITE A LETRA <A>: ")


while LETRA != "A":
    LETRA = input("DIGITE A LETRA <A>: ")

print("MUITO BEM! VOCE DIGITOU A LETRA
<A>")
```

Explicação: Enquanto o caractere digitado for diferente de "A", solicite a digitação desse caractere.

R6.11 – Escreva um programa que apresenta um MENU com as opções de INCLUSÃO, CONSULTA, LISTAGEM E SAÍDA.

PYTHON

```
OP=9
while OP != 6:
    print("----MENU DE OPCOES---")
    print("   ")
    print("      1 – INCLUSÃO")
    print("      2 – CONSULTA")
    print("      3 – LISTAGEM")
    print("      6 – SAIDA ")
    print("   ")

    OP = int(input("Digite sua opcao:  "))

    if OP == 1:
      print("INCLUSÃO")
    elif OP == 2:
        print("CONSULTA")
    elif OP == 3:
         print('LISTAGEM')

print ("Saída – OP = 6")
```

R6.12 – Escreva um programa que calcula o M.D.C. (Máximo Divisor Comum) entre dois números lidos pelo teclado.

Explicação da solução: o MDC entre dois números é dado pelo seguinte algoritmo:

1. Providencie 2 números;
2. Divida o maior deles pelo menor;
3. Se o resto da divisão inteira for igual a 0 então o MDC é o menor número. Senão considere o novo maior como sendo o menor; Faça com que o novo menor seja igual ao resto. Volte ao passo 2.

Explicação: este algoritmo é conhecido como o algoritmo de EUCLIDES em homenagem ao seu criador, o matemático grego Euclides de Alexandria, o pai da Geometria.

O operador % tem como resultado o resto da divisão inteira entre dois números. Considere os números 5 e 3 (NUM1 = 5 e NUM2 = 3):

5 % 3 Resto = 2

3 % 2 Resto = 1

2 % 1 Resto = 0

Se Restou = 0 - > MDC (5,3) = 1 (o máximo divisor comum entre 5 e 3 é 1 , que é o menor entre 2 e 1).
Resumindo: enquanto o resto for diferente de zero, substitua o maior pelo menor e o menor pelo resto e dividaos novamente. Quando o resto da divisão for zero, então teremos como MDC o menor número.

PYTHON

```
NUM1 = int(input("NUMERO MAIOR"))
NUM2 = int(input(("NUMERO MENOR"))
N1=NUM1              #Guarda Valor Original NUM1
N2=NUM2              #Guarda Valor Orihinal NUM2

RESTODIV  = NUM1 % NUM2

while RESTODIV != 0:
        NUM1 = NUM2
        NUM2 = RESTODIV
        RESTODIV = NUM1 % NUM2

 print ("O MDC ENTRE ", N1, " E ",N2, "É: ", NUM2)
```

R6.13 – Escreva um programa que aceite um número como entrada e o escreva invertido.

Explicação da solução: a variável NUM vai receber o número a ser invertido e os valores intermediários do processo de inversão (NUM, a cada repetição dentro do **enquanto**, perderá o dígito mais à direita). NUMINV vai receber o número invertido.

PYTHON

```
NUM = int(input("DIGITE UM NUMERO: "))

NUMBKP  = NUM
NUMINV = 0

while (NUM != 0):
        NUMINV  = NUMINV * 10 + NUM % 10
        NUM = NUM // 10

print ("O NUMERO ", NUMBKP, " INVERTIDO: ",
        NUMINV)
```

Explicação: o operador // em Python é a **divisão inteira**.

R6.14 – Escreva um programa que calcule e exiba a diferença entre o sexto e décimo segundo números primos.

Explicação da solução: um número é primo quando ele só é divisível por 1 e por ele mesmo. O **enquanto NUM < 12** serve para que se obtenha os 12 primeiros números primos (a variável NUM guarda a ordem dos primos). O **para j:=2 até I-1** serve para testar se o número é divisível por algum outro número além dele mesmo e da unidade. Uma vez achado um novo primo, incrementa-se o contador de primos (NUM) e testa-se para ver se é o 6o. ou o 12o. que são os primos que interessam. Quando eles são encontrados são guardados em P1 e P2 para calcular a diferença entre os dois.

PYTHON

```
NUM =0
I =1
while (NUM <12):
        I = I +1
        EPRIMO = True
        J =2
        while (J <= I-1):
                if (I MOD J) = 0:
                    EPRIMO = False
                J = J + 1
        if EPRIMO:
            NUM = NUM + 1
            if NUM == 6:
                P1 = I
            elif NUM == 12:
                P2 = I

print("O 6º PRIMO: ", P1);
print("O 12° PRIMO: ",P2);
print('"P12 – P6: ", P2-P1)
```

6.4 Comando Repita/Até

É uma estrutura de controle de repetição semelhante ao ENQUANTO, diferindo na ordem da avaliação da expressão que controla a sua execução. A avaliação da condição de continuação é feita apenas no fim do bloco. Devido a este comportamento diferenciado, o REPITA executa o bloco de comandos subordinado pelo menos uma vez, independentemente do valor da condição lógica. A saída do "laço" (repetição) acontece quando a condição assume o valor lógico VERDADE. O comando REPITA tem aplicação quando não se sabe antecipadamente o número de vezes que se quer repetir o comando desejado, embora se precise fazê-lo ao menos uma vez. A linguagem Python não conta nativamente com essa estrutura, sendo necessário improvisar.

Formato Geral:

ALGORITMO	PYTHON

do
  <COMANDO>
while <EXPRESSÃO>
	while True:
	  <COMANDO>
	  if <EXPRESSÃO>:
	    break

R6.15 – Escreva um programa que escreve os números inteiros no intervalo de 1 a 10. Use a estrutura repita.

ALGORITMO	PYTHON

<pre>programa
{
  funcao inicio()
  {
    inteiro I
    I=0
    faça
     {
       I = I + 1
       escreva (I)
     } enquanto (I< 10)
  }
}</pre>
	<pre>I := 0;
	while True:
	   I := I +1
	   print (I)
	   if I == 10:
	      break</pre>

Explicação da solução: No exemplo em Python, pelo fato da linguagem não dispor dessa estrutura originalmente, usamos o artifício de que o laço é infinito (**while True:**) e quando I for igual a 10, o comando **break** força a saída da repetição.

R6.16 – Escreva um programa que solicita a digitação da letra "A". Use o comando **Repita**.

PYTHON

```
Letra = "B"
while Letra != "A":
        Letra = input("DIGITE A LETRA <A>: ")
print("MUITO BEM! VOCE DIGITOU A LETRA <A>")
```

Explicação : Enquanto o caractere digitado for diferente de "A", solicite a digitação desse caractere.

R6.17 – Escreva um programa que apresenta um MENU com as opções de INCLUSÃO, CONSULTA, LISTAGEM E SAÍDA. Utilize o comando **Repita**.

PYTHON

```
while True:
   print("----MENU DE OPCOES---")
   print("   ")
   print("      1 – INCLUSÃO")
   print("      2 – CONSULTA")
   print("      3 – LISTAGEM")
   print("      6 – SAIDA ")
   print("   ");
   OP = int(input("Digite sua opcao: "))
   if OP == 1:
      print("INCLUSÃO")
   elif OP == 2:
      print ("CONSULTA")
   elif OP == 3:
         print("LISTAGEM")
   elif OP==6:
         break
```

Exercícios Propostos

P6.10 – Cite a(s) diferença(s) entre os comandos ENQUANTO/WHILE e REPITA/REPEAT/DO.

P6.11 – Quando é que se deve usar o comando PARA ao invés de ENQUANTO ou REPITA?

P6.12- Por que no problema do *menu,* usando o comando WHILE inicializou a variável OP com o valor 9? Por que não se fez o mesmo no exemplo análogo usando o comando REPITA?

P6.13 – Reescreva a solução do problema **R6.12** usando o comando repita ao invés de enquanto.

P6.14 – Reescreva a solução do problema **R6.13** usando o comando repita.

P6.15 – Será que a solução do exercício resolvido **R6.12** depende da ordem de entrada dos dois números? Se a resposta for afirmativa, reescreva a solução do referido problema de forma a tratar essa limitação daquela solução.

P6.16 – Escreva um algoritmo/programa do número mágico, isto é, pede-se a digitação de um número e esse é comparado a um outro que é conhecido apenas pelo próprio programador, diz}o-se, então a quem digitou se acertou ou não o número mágico.

P6.17 – O Botafogo Futebol Clube deseja aumentar o salário de seus jogadores. O ajuste salarial deve obedecer à seguinte tabela:

Salário Atual	Ação
0 a 90.000	aumentou 20%
90.001 a 130.000	aumentou 10%
130.001 a 180.000	aumentou 5%
acima de 180.000	sem aumento

Preparar um algoritmo/programa para ler o nome e o salário atual de cada jogador e imprimir seu nome, o salário atual e salário reajustado. No final da impressão, dar o total pago atualmente e o total reajustado.

P6. 18 – Deseja-se enquadrar os alunos de uma turma da universidade do povo (a quantidade de alunos deve ser informada) nas seguintes faixas etárias:

Faixa	Intervalo
1	até 20 anos
2	21 a 24 anos
3	25 a 30 anos
4	acima de 30 anos

A entrada de dados (idade e nome) deve ser feita para cada aluno da turma, produzindo uma saída com NOME e FAIXA. Ao final do processamento, deve-se informar o total de alunos em cada uma das faixas e o respectivo percentual em relação ao total.

P6.19 – Elaborar um algoritmo/programa que calcule a corrente e a voltagem em condutores. A solução deve perguntar o que o usuário deseja calcular. Se desejar calcular a corrente, será solicitado o valor de V e R. Caso seja indicada a voltagem, devem ser pedidos R e I. De acordo com a lei de Ohm, tem-se:

I = V / R e **V = R x I**

P6.20 – Um comerciante deseja fazer um levantamento do lucro das mercadorias que ele comercializa. Elabore um algoritmo/programa que:

a. Solicite a digitação do nome, o preço de compra e preço de venda das mercadorias;
b. Determine e forneça quantas mercadorias proporcionam:

1. lucro menor ou igual a 10%;
2. lucro entre 11% e 20%;
3. lucro acima de 20%.

P6.21 – Escreva um algoritmo/programa que calcula a média de idade de uma turma qualquer. A entrada de dados deve parar quando for digitada a idade igual a 0 (zero).

P6.22 – Em um abatedouro são registrados os dados dos animais que vêm para abate. Para cada animal são digitados um número de identificação e a sua massa em Kg. Escreva um algoritmo/programa que indique o boi mais gordo, o mais magro e a média de massa (Kg) do lote de animais. O fim dos dados será indicado com o número de identificação igual a 0 (zero).

P6.23 – A respeito de uma turma da ESCOLA SABER, tem-se dados cont}o a idade e o sexo. Faça um algoritmo/ programa que calcule e exiba: a maior e a menor idade da turma, a média de idade para cada sexo, o número de homens e de mulheres da referida turma.

P6.24 – Reescreva a solução do problema **P6.03** usando o comando **While** (**enquanto**) em vez do comando **for** (**para**).

P6.25 – Reescreva a solução do problema **P6.05** usando o comando **repeat/ until (repita/até)**.

P6.26 – Adaptado de (FGV - 2018 - MPE-AL - Administrador de Rede) –

Assinale a opção que indica o comando Python que produz [-2, -4].

a) for i in range(0, -6, 2): print (i)
b) for i in range(0, -4, -2): print (i)
c) for i in range(-2, -4, -2): print (i)
d) for i in range(-2, -4, 2): print (i)
e) for i in range(-2, -6, -2): print (i)

P6. 27 – (FCC - 2014 - TRT - 13ª Região (PB) - Analista Judiciário - Tecnologia da Informação) - Considere o código abaixo, digitado em Python.

```
a, b = 0, 1
while b < 10:
    print (b)
    a, b = b, a+b
```

No final da execução do código, o último valor armazenado nas variáveis a e b serão, respectivamente,

a) 13 e 21 b) 8 e 13 c) 5 e 10 d) 13 e 20 e) 8 e 10

P6. 28 - (CELEPAR / 2009 – Analista de Informática Jr.) – Observe o trecho do algoritmo a seguir:

```
atribuir 10 a I
atribuir 0 a TOTAL
atribuir 0 a K

enquanto K < I faça
      inicio
           somar 1 a K;
     atribuir TOTAL+K a TOTAL
     imprimir (K);
      fim;
fim-enquanto;
imprimir (TOTAL);
```

Ao final do processamento, a variável TOTAL e o número de vezes que a K será impresso são, respectivamente:

a. 45 e 9.
b. 50 e 10.
c. 50 e 9.
d. 66 e 11.
e. 66 e 10

P6. 29 – (FGV - 2018 - AL-RO - Analista Legislativo - Infraestrutura de Redes e Comunicação)

Analise o código Pyhton a seguir.

```
for k in range(0, 4, -1):
    print k
```

Assinale a opção que indica o número de valores *printados* na execução desse código.

a) Zero b) Um c) Dois d) Quatro e) Cinco

P6.30 – (UFPEL – Técnico Informática – 2015) - **Considere o seguinte código em Python abaixo:**

```
>>> a, b = 0, 1
>>> while b < 10:
        ... print b
        ... a, b = b, a+b
        ...
```

A alternativa que contém a saída na tela é:

a) 1 1 2 3 5 8 b) 0 1 2 3 4 5 c) 0 2 4 6 8 10 d) 1 1 2 4 8 10 e) 0 1 3 5 7 9

P6.31 – (POSCOMP 2018 – Questão 30) - Assinale a alternativa que contém uma estrutura de controle que permite que coleções de instruções, na linguagem de programação C, sejam executadas repetidamente com o controle de execução baseado em uma expressão booleana ao invés de um contador.

A) for
B) if
C) while
D) switch
E) else

P6.32 – (FGV – PGE-RO – Analista Sistemas – 2015) - Analise o código Python a seguir:

```
S=0
C=1
while C < 7:
      D=4
      while D > 0:
            S=S+C+D
            D=D -1
        C=C +1

print (S)
```

O código que produz resultado idêntico ao que é produzido pelo código acima é:

a)
```
S=0
for C in range(1,6):
        for D in range(4,1,-1):
        S=S+C+D
 print S
```

b)
```
S=0
for C in range(1,6,1):
         for D in range(4,1,-1):
S=S+C+D
print S
```

c)
```
S=0
for C in range(1,7):
         for D in range(4,0):
S=S+C+D
print S
```

d)
```
S=0
for C in range(1,7):
         for D in range(4,0,-1):
S=S+C+D
print S
```

e)
```
S=0
for C in range(0,6):
        for D in range(4,1,-1):
S=S+C+D
print S
```

P6.33 – (FGV - AL-RO – Analista de Infraestrutura de Redes e Comunicação – 2018) - Analise o código Pyhton a seguir:

```
for k in range(0, 4, -1):    print (k )
```

Assinale a opção que indica o número de valores *printados* na execução desse código.

a) zero
b) Um
c) Dois
d) Quatro
e) Cinco

Capítulo 7

Vetores e Matrizes

O sucesso nunca é definitivo, mas o fracasso pode sê-lo.
Bill Parcells

7.1 Introdução

Falamos anteriormente em tipos de dados primitivos e derivados e, naquela oportunidade, dissemos que voltaríamos ao assunto. Pois bem, é chegada a hora de fazê-lo.

A Tabela 7.1, a seguir, representa a distribuição das vendas de diversos produtos agrícolas pelas filiais de uma grande empresa. Os valores numéricos representam o valor das quantidades vendidas de cada produto em toneladas.

FILIAL	PRODUTOS			
	ARROZ	FEIJÃO	SOJA	MILHO
1	10	12	20	15
2	14	8	25	12
3	16	18	20	22
4	25	21	15	18
5	17	12	11	33

Tabela 7.1 – Vendas de Produtos por filias de uma empresa

Sobre a Tabela 7.1, podem ser feitas algumas operações no sentido de oferecer ao corpo dirigente da empresa informações gerenciais que facilitem a tomada de decisão, podendo ser exemplos:

1. calcular todas as vendas de uma determinada filial;
2. calcular o total de vendas de um dado produto;
3. determinar o produto com o maior volume de vendas;
4. calcular o total geral de toneladas vendidas por todas as filiais.

Todas as quatro alternativas de informações a serem geradas são obtidas através de manipulação simples sobre a tabela:

1. somar os elementos de uma linha;
2. somar os elementos de uma coluna;
3. comparar os elementos da tabela, procurando o maior;
4. somar todos os elementos da tabela.

A Tabela 7.1, em termos de programação, é conhecida como uma matriz. As manipulações são conhecidas como operações sobre matrizes.

Vetores e Matrizes são tipos de dados derivados que são obtidos pela combinação de dois fundamentos básicos:

1. os tipos de dados já estudados: caractere, inteiro, real, lógico e cadeia;
2. a fundamentação matemática do estudo de matrizes.

Como os tipos de dados primitivos já são de nosso conhecimento, iremos aprofundar a fundamentação matemática de matrizes:

7.2 Matriz

Segundo Puccini (1987, p.57), "matriz é um conjunto de elementos (números, letras etc.), organizados em linhas e colunas, na forma de um quadro." Por exemplo, o conjunto **A** (3x4), dado em seguida, é uma matriz com três linhas e quatro colunas:

$$A = \begin{bmatrix} 5 & 4 & 3 & 8 \\ 1 & 9 & 4 & 9 \\ 0 & 1 & 3 & 4 \end{bmatrix}$$

Uma matriz M (**m** x **n**) tem **m** linhas e **n** colunas, sendo **m** e **n** as suas dimensões. Esquematicamente teríamos:

		0	1	J	n-1
L	0	$a_{0,0}$	$a_{0,1}$	..	$a_{0, n-1}$
i	1	$a_{1,0}$	$a_{1,1}$		$a_{1, n-1}$
n	.	...	...	..	.....
h	.	...	...	..	.....
a	i	$a_{i,0}$	$a_{i,1}$	..	$a_{i, ,n-1}$
s	.	...	...	..	.....
		...	...	..	.....
	m-1	$a_{m-1,0}$		$a_{m-1,j}$	$a_{m-1,n-1}$

Observe que:

1. cada elemento possui um índice para linha (i) e um outro para a coluna (j), isto é, qualquer elemento pode ser identificado por um par de índices **ij**. Na matriz A, definida anteriormente, o elemento A[0,3] (linha 0 e coluna 3) é igual a 8;

2. o número total de elementos de uma matriz é o produto do número de linhas pelo número de colunas (**m** x **n**); no exemplo a seguir a matriz NOME tem 3x4=12 elementos.

Exemplos:

A. Matriz NOME com 3 linhas e 4 colunas, onde cada componente é do tipo cadeia:

Linhas		**Colunas** 0	1	2	3	
	0	João	Pedro	Maria	Beth	→ Nome [0,3]
Nome [1,0] ←	1	Paulo	Paulo	José	Juca	
	2	Livia	Kalina	Biu	Murilo	

B. Matriz N com 3 linhas e 5 colunas com componentes do tipo inteiro:

Colunas 0	1	2	3	4	
11	4	8	0	23	→ Componentes da linha 0
10	3	7	9	21	→ Componentes da linha 1
12	7	6	10	28	→ Componentes da linha 2
↓ N[2,0]				↓ N[2,4]	

7.2.1 Declaração de Matrizes

A declaração de matrizes é feita usando o seguinte formato geral:

PYTHON
<IDENT-VAR> = <Enumeração Lista>   Onde: <IDENT-VAR> - Identificador da matriz;   <Enumeração Lista> - Especificação Elementos

*** EXEMPLOS**

Vamos exemplificar as declarações das matrizes desta seção (NOME e N):

PYTHON
1. NOME = [[“ “, “ “, “ “, “ “],[“ “, “ “, “ “, “ “],[“ “, “ “, “ “, “ “]]   2. N = [[0,0,0,0,0], [0,0,0,0,0], [0,0,0,0,0]]

OBSERVAÇÃO:

Em Python, usaremos **Listas** para simular matrizes. Vide o Capítulo 13 para maiores detalhes sobre listas.

7.3 VETOR

"É um caso especial de matriz em que uma das dimensões é unitária. Um vetor com **n** elementos é dito possuir **n** componentes e é denominado um n-vetor ou uma n-upla." – [PUCCINI]

Veja exemplos:

$$C = \begin{bmatrix} 1 \\ 5 \\ 6 \end{bmatrix} \longrightarrow \text{(Vetor Coluna)}$$

$$L = \begin{bmatrix} 4 & 5 & 6 & 0 \end{bmatrix} \longrightarrow \text{(Vetor Linha)}$$

C é dito ser um vetor Coluna e ***L*** um vetor Linha. Em nossos estudos trabalharemos sempre com o vetor linha, o qual, doravante, chamaremos simplesmente de VETOR.

Em termos genéricos, teremos para um vetor V de n componentes a seguinte estrutura:

V = [a1 a2 a3 ... ai ... an]

Devido ao vetor possuir apenas uma dimensão, os seus componentes serão identificados por apenas um índice. Quando quisermos trabalhar com um determinado componente devemos individualizá-lo pelo índice. No vetor L, anteriormente definido, o componente L[1] é igual a 5.

Podemos ter um vetor de elementos do tipo inteiro, caractere, real, lógico e cadeia. Cada um dos elementos do vetor é individualizado através de um índice correspondente à posição do elemento dentro da estrutura do vetor.

Exemplos:

A. Vetor NOME com 4 componentes do tipo Cadeia

João	Maria	José	Bill

→ Componentes de 0 a 3

NOME [0]... (↑ João)

NOME [3]... (↑ Bill)

B. Vetor N com 5 componentes inteiros

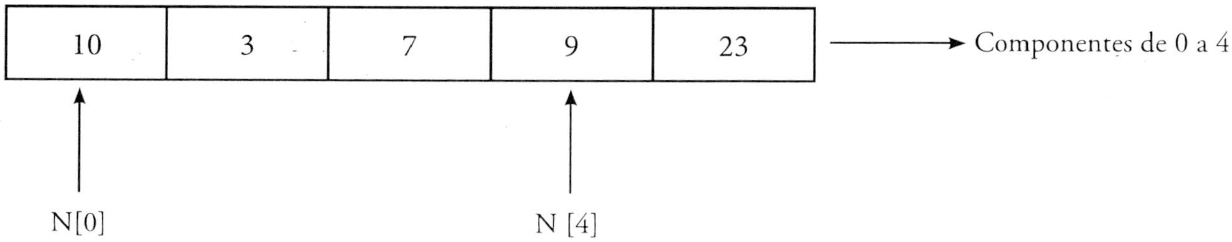

Explicação: Por uma questão de simplificação e praticidade, em Python, vamos usar o tipo **Lista** para representar arrays (vetores). De forma simplificada, uma lista é uma estrutura de dados que representa uma coleção de objetos, conceito que será aprofundado no Capítulo 13.

7.3.1 Declaração de Vetores

A declaração de vetores é feita usando o seguinte formato geral:

PYTHON

```
<IDENT-VAR> = [EL1, EL2, ... ELn]

Onde:

<IDENT-VAR> - Identificador do vetor;
<ELi>          – Elemento I;
```

*** EXEMPLOS**

Vamos exemplificar as declarações dos vetores desta seção (**NOME** e **N**):

PYTHON

```
1.      NOME = [" ", " ", " ", " "]
2.      N = [0, 0 , 0 , 0, 0]

Outros exemplos:

3.      TABELA_SALARIO = [0.0, 0.0 …, 0.0]
4.      FRASE=["A", "m", "o", "r", " ", "t", "u", "d", "o"]
5.      NOME = [" "] * 5
```

Observações:

1) Nas linguagens Portugol Studio e Python, o índice inicial padrão para indexar arrays é Ø (zero). Algumas linguagens, como LUA, por exemplo, usam 1 (um) para acessar o primeiro elemento.

2) Para dar generalidade aos nossos programas nos exercícios resolvidos a seguir, vamos usar duas variáveis

que ajudarão a dar uma certa flexibilidade aos programas nas duas linguagens. Nos exemplos a seguir, observe as variáveis "**Inicio**", "**Fim**" e **TAM**;

3) A declaração 5 tem o mesmo efeito da declaração 1.

Exercícios Resolvidos

R7.01 – Escreva um programa que leia um conjunto de 10 valores inteiros e armazene-os no vetor V e em seguida exiba-os na tela.

PYTHON

```
V = [0] * 10

Inicio=1
TAM=10
Fim=TAM

for I  in range(0,Fim):
        V [I] = int(input("Digite um numero: "))

for I  in range(0,len(V)):
        print (V[I])
```

EXPLICAÇÕES:

1) a função **len** retorna 10 e permite varrer todo o vetor **V**.
2) A declaração **V = [0] * 10** reproduz 10 elementos em V, isto é: **V =[0,0,0,0,0,0,0,0,0,0]**

R7.02 – Escreva um programa que leia um conjunto de 05 valores numéricos e exiba-os em seguida na ordem inversa à de entrada.

PYTHON

```
TAM = 5
NUMERO = [0, 0, 0, 0, 0]

for I  in range(0,TAM):
      NUMERO [I] = int(input("Numero: "))


for  I  in range (TAM-1,-1,-1):
      print ("Componente de ordem: ",I," = ", NUMERO[I])
```

R7.03 – Escreva um programa que determina o maior e o menor componentes de um vetor dado.

Explicação da solução: utilizam-se as variáveis MIN (menor) e MAX (maior) para efetuar a procura dos elementos desejados. É utilizado o artifício de atribuir às variáveis MIN e MAX o inverso do que elas representam, isto é, MIN recebe o maior valor dentre os possíveis valores a serem tratados e MAX o menor no mesmo intervalo. Quando da comparação com os elementos do vetor, MIN acabará por ser maior que o primeiro elemento e MAX menor que o mesmo, ocasionando a troca do conteúdo dessas variáveis pelo valor do primeiro elemento do vetor. A partir daí percorre-se todo o vetor procurando por um elemento que seja menor que o menor número (MIN) ou maior que o maior número (MAX). Quando acontece de ser encontrado um novo menor ou um novo maior, guarda-se esse número na variável MIN ou MAX, respectivamente. O vetor usado foi de tamanho 10 componentes.

PYTHON

```
#Programa Minimo e Maximo –Solução Convencional

VET = [0,0,0,0,0,0,0,0,0,0]  #Inicializa VET
MAIOR = +32.767
MENOR = -32.768
Inicio=0
Fim=10
MIN= MAIOR
MAX= MENOR

for I in range (Inicio,Fim):
        VET [I] = int(input("Informe Componente: "))

for I in range (Inicio, Fim):
    if VET[I] < MIN:
        Min = VET [I]
    if VET [I] > MAX:
        MAX=VET[I]

Print ("O menor:  ",MIN, " O MAIOR ", MAX)
```

OU

```
#Programa Minimo e Maximo – Solução Python

VET = [0,0,0,0,0,0,0,0,0,0]
Inicio=0
Fim=10
for I in range (Inicio,Fim):
        VET [I] = int(input("Informe Componente: "))

Print("Menor:  ",min(VET), "Maior: ",max(VET))
```

OBSERVAÇÃO:

VET poderia ser inicializado também assim:
VET = [0]*Fim

R7.04 – Produza um programa que leia uma matriz 3x3 e escreva-a após multiplicar a sua diagonal principal por 5.

Explicação da solução: a diagonal principal de uma matriz é aquela em que os índices da linha e da coluna são iguais, ou seja, **i** e **j** possuem o mesmo valor.

Por exemplo:

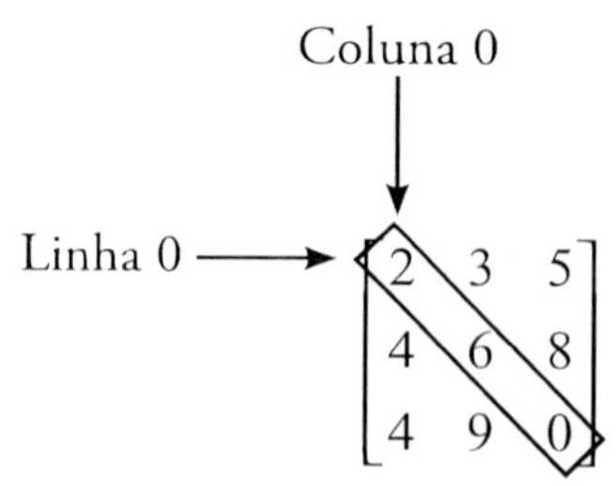

Os elementos da Diagonal Principal são 2, 6 e 0 (MAT [1] [1] = 2; MAT [2] [2] = 6 e MAT [3] [3] = 0.

PYTHON

```
MULT=5
LIN=3
COL=3
Inicio=0
MAT = [[0,0,0], [0,0,0],[0,0,0]]      #Inicialização MAT

for I in range (Inicio, LIN):
   for J in range (Inicio, COL):
      MAT [I][J] = int(input("Digite Componente:"))
      if (I==J):
         MAT [I][J] = MAT [I][J] * MULT


print ("A matriz resultado: ")
for I in range(Inicio, LIN):
   for J in range(Inicio,COL):
      print (MAT [I][J])
   print("\n")
```

OBSERVAÇÃO:

MAT poderia ser inicializado também assim:
MAT = [[0 for i in range(COL)] for j in range(LIN)]

Essa forma dá generalidade ao seu código !

R7.05 – Escreva um programa que leia uma matriz 4x2, calcule e escreva o valor da soma de todos os seus elementos.

PYTHON

```
LIN=4
COL=2
MAT = [[0,0], [0,0], [0, 0],[0,0]]

Inicio = 0
SOMA = 0
for I  in range (0, LIN):
    for J in range (Inicio, COL):
        MAT [I] [J] = int(input(" Digite o componente: "))
        SOMA = SOMA + MAT [I] [J]

print(("A soma dos componentes vale: " ,SOMA)
```

R7.06 – Escreva um programa que calcule a matriz resultante da soma de duas matrizes 2x2 lidas.

PYTHON

```
A = [[0,0],[0,0]]
B = [[0,0],[0,0]]
C = [[0,0],[0,0]]

LIN=1
COL=1
Inicio=0
Fim=2

print("Digite componentes de A e B: ")
for I  in range(Inicio, Fim):
    for J in range (Inicio, Fim):
          A[I] [J] = int(input("Digite elemento A: "))
          B[I] [J] = int(input("Digite elemento B: "))
          C[I] [J] = A[I] [J] + B[I] [J]

for I  in range(Inicio, Fim):
    for J in range (Inicio, Fim):
          print ("Elemento ordem: I: ",I, " J: ",C[I] [J])
```

Exercícios Propostos

P7.01 – Explique os seguintes termos relacionados ao tipo de dados vetor: **componente, índice e conteúdo.**

P7.02 – Comente a(s) diferença(s) entre vetores e matrizes.

P7.03 – Escreva um programa que junta (concatena) dois vetores anteriormente lidos em um terceiro.

P7.04 – Gere um programa para calcular um vetor soma a partir de 2 outros vetores.

P7.05 – Gere um programa para ler uma certa quantidade de números, calcular a média aritmética dos mesmos e dizer quantos estão abaixo, acima e na média.

P7.06 – Calcular o somatório dos componentes de um vetor de 50 componentes.

P7.07 – Ler 10 valores em um vetor e calcular e escrever o somatório de { i/ v[i] }, onde i varia de 1 a 10.

P7.08 – Comparar dois vetores de mesmo tamanho e dizer se os mesmos são iguais.

P7.09 – Ler um vetor de 100 elementos e dizer se existem elementos iguais a um dado valor que será lido.

P7.10 – Escreva um programa que leia duas sequências de 10 números e diga quantos números na primeira sequência são iguais aos seus correspondentes na segunda.

P7.11 – Escreva um programa que gera a matriz transposta de uma matriz lida pelo teclado. A matriz transposta é aquela onde o que era linha na matriz original passa a ser coluna e vice-versa.

P7.12 – Escreva um programa que calcula a matriz produto a partir de duas outras matrizes lidas pelo teclado.

P7.13 – Escreva um programa que verifica se uma matriz lida pelo teclado é uma matriz identidade (a matriz identidade é aquela em que todos os elementos em que i = j, isto é, da diagonal principal, são iguais a 1 e os demais elementos iguais a 0).

P7.14 – Produza um programa que gere a inversa de uma matriz dada pelo teclado. Se por acaso, a inversa não existir, dê uma mensagem apropriada.
Dica: faça pesquisas em um livro de álgebra linear para estabelecer o método.

P7.15 – Explique como fazer para simular uma matriz M[5,20], usando um vetor de 100 componentes. Generalize a solução.

P7.16 – Escreva um programa que oferece ao usuário a opção de executar várias operações com matrizes. As operações possíveis são: soma, diferença, produto, determinante e inversa. O usuário pode definir as dimensões das matrizes dentro de um limite máximo de matrizes quadradas de ordem 10 x 10.

P7.17 – Assinale V (Verdadeiro) e F (Falso) para cada uma das afirmativas a seguir:

a. ( ) O índice individualiza um elemento do vetor.
b. ( ) O vetor para ter um componente acessado precisa de pelo menos dois índices.
c. ( ) Os Vetores e as matrizes permitem reter os valores digitados para posterior tratamento, evitando a perda de conteúdo inerente às variáveis convencionais.
d. ( ) O tipo de problema a ser resolvido vai determinar a necessidade ou não de usar vetores ou matrizes no programa.
e. ( ) Em geral, para a maioria das linguagens de programação, a alocação de memória para vetores e matrizes é estática, isto é, a memória é alocada na totalidade sem a garantia de que vá ser efetivamente utilizada no programa.
f. ( ) É possível simular uma matriz usando apenas um vetor.
g. ( ) palavra reservada **"array"** tanto serve para definir vetores como matrizes.
h. ( ) O comando **"print (MATRIZ [3] [2])"** exibe o componente da linha 2 e coluna 3 da variável **MATRIZ.**
i. ( ) Uma das principais aplicações dos vetores é nos algoritmos de classificação e busca.
j. ( ) As matrizes não podem ter mais de duas dimensões.
k. ( ) A expressão **"A[I] = B[J]"** só terá valor verdadeiro se **I** for igual a **J.**
l. ( ) O uso de um índice fora de faixa pode provocar erros na manipulação do *array.*
m. ( ) O índice e o conteúdo do componente do array são a mesma coisa.

P7. 18 – (Adaptado de CESGRANRIO/ Analista de Sistemas - Prefeitura de Manaus) - Um Analista de Sistemas recebeu a tarefa de implementar uma sub-rotina que, a partir de uma matriz de entrada "A", gerasse uma outra matriz de saída "B". Um pedaço desta sub-rotina, implementada em Python, está apresentado abaixo:

```
for i  in range(2):
    for j in range(2):
        B( j , i ) = A ( i, j )
```

Considere a matriz A = (a_{ij}) de dimensão 2 x 2, a seguir, onde a_{ij} são os elementos da matriz A.

$$A = \begin{bmatrix} 3 & 2 \\ -4 & 6 \end{bmatrix}$$

Nesta matriz, por exemplo, o elemento a_{11} possui o valor 3. A matriz "B" resultante da execução do algoritmo acima, tendo a matriz "A" como entrada, é:

a. $B = \begin{bmatrix} 3 & 2 \\ -4 & 6 \end{bmatrix}$

b. $B = \begin{bmatrix} 6 & 2 \\ -4 & 3 \end{bmatrix}$

c. $B = \begin{bmatrix} 3 & -4 \\ 2 & 6 \end{bmatrix}$

d. $B = \begin{bmatrix} 3 & -2 \\ 4 & 6 \end{bmatrix}$

e. $B = \begin{bmatrix} -4 & 6 \\ 3 & 2 \end{bmatrix}$

P7. 19 – (CESGRANRIO/2007 – EPE / Analista Tec. Da Informação) - Suponha que o primeiro elemento do vetor no pseudocódigo abaixo esteja posicionado no índice 1.

```
para x ←— 2 até tamanho_vetor faça
          conteúdo ←— vetor[x]

          y ←— x – 1
          enquanto y > 0 e vetor[y] > conteúdo, faça
                    vetor [y + 1]←— vetor[y]
                    y ←— y-1
         fim enquanto
         vetor[y+1]←— conteúdo
fim para
```

Qual o resultado final da variável "vetor" a partir da entrada {5,4,3,2,8}?

a. {2,3,4,5,8}
b. {4,3,2,1,7}
d. {6,5,4,3,9}
e. {8,2,3,4,5}
c. {5,3,2,1,7}

P7. 20 – (TRE/PR - 2009 - Analista Sistemas) – Assinale V ou F.

```
Algoritmo "concurso"
var
    s, i: inteiro
    a: vetor [1..5] de inteiro
inicio
    s = 0
    para  i de 0 ate 4 faca
    leia (a [i +1])
     se (a [i +1] % 2)  != 0 entao
                   s = s  + a [i +1]
     fimse
     fimpara
     escrevar (" A soma é: ",s)
fimalgoritmo
```

Se, como entrada para o algoritmo, forem fornecidos os números 2, 12, 1, 5 e 7, então a saída será: "A soma é: 14".

P7. 21 – (Adaptada de COPEL/PR - Analista Sistemas / 2010) – Considere o trecho a seguir retirado de um programa escrito em linguagem PYTHON:

```
MAT1 = [[-1,0,2],[45,6,89],[46,32,-9]]
MAT2 = [[0,0,0],[0,0,0],[0,0,0]]
MAT3 = [[0,0,0],[0,0,0],[0,0,0]]

for i in range(0,3):
    for j in range (0,3):
        MAT2[i][j] = 5 - MAT1[i][j]
        MAT3[i][j] = MAT2[i][j] * 2

print (MAT1)
print (MAT2)
print (MAT3)
```

De acordo com o código acima, julgue as afirmações mostradas a seguir:
I. O cálculo MAT1[1][1]+MAT2[2][2] produz como resultado valor um ponto flutuante 20.
II. A posição MAT2[0][2] da matriz em questão possui o valor inteiro 3.
III. O cálculo MAT3[2][1]+5+MAT2[1][2] produz como resultado valor inteiro -133.
IV. A posição MAT1[3][3] da matriz em questão possui o valor inteiro -9.

Assim, é **CORRETO** afirmar:
a. Apenas o item III está certo.
b. Apenas os itens I e II estão certos.
c. Apenas os itens II e III estão certos.
d. Apenas os itens I e IV estão certos.
e. Apenas os itens I, II e III estão certos

P7.22 – (IFB – Professor Informática – 2017) - Dado o código em Python abaixo, assinale a alternativa que contém a sequência CORRETA de números da saída gerada pelos comandos "print":

```
numeros = [16, 32, 64, 128, 256, 512, 1024]
print(numeros[2])
print(numeros[7-6])
print(numeros[-1])
print(numeros[len(numeros)-1])
print(numeros[5-7])
```

a) 64, 32, 1024, 1024, 512
b) 32, 16, 512, 1024, 256
c) 64, 32, 512, 1024, 256
d) 64, 32, 1024, 1024, 256
e) 32, 16, 512, 1024, 512

P7.23 – (CESPE – Polícia Federal – Agente PF – 2018) – Julgue o próximo item, relativo a noções de programação Python. Considere o programa a seguir, na linguagem Python.

```
letras = ["P", "F"]
for x in letras
    {
        print (x)
    }
```

A sintaxe do programa está correta e, quando executado, ele apresentará o seguinte resultado:

PF

a) Certo b) Errado

Capítulo 8

Utilizando Subprogramas

Escolha um trabalho que você ame e não terá trabalho um único dia em sua vida.
Confúcio

8.1 Introdução

Nos primórdios da programação de computadores, quando uma certa tarefa precisava ser realizada em diversos pontos distintos de um programa, usualmente, a contragosto do programador, repetia-se esse trecho de código em todos esses pontos. Essa repetição indesejada acarretava uma série de problemas como aumento do tamanho do código, aumento da complexidade do programa e complicações adicionais para a sua manutenção. Para fugir desses inconvenientes, foi criado o conceito de subprogramas ou subalgoritmos.

Um subprograma é um trecho de código que pode ser referenciado por um identificador (nome), podendo ser ativado (acessado) de diferentes pontos dentro de um programa e ainda receber dados diferentes em cada ativação. Isto dá a oportunidade a que uma ação seja especificada uma única vez, embora possa ser comandada diversas outras, de pontos distintos do programa ao qual o subprograma pertence.

8.2 Características Gerais dos Subprogramas

SEBESTA (2010) cita as características gerais de subprogramas:

- cada subprograma tem um único ponto de entrada;
- toda unidade chamadora é suspensa durante a execução do subprograma chamado;
- o controle da execução sempre retorna ao chamador quando o subprograma é encerrado.

Na Figura 8.1, temos um programa que possui 3 (três) repetições do código de uma mesma tarefa ao longo do seu corpo.

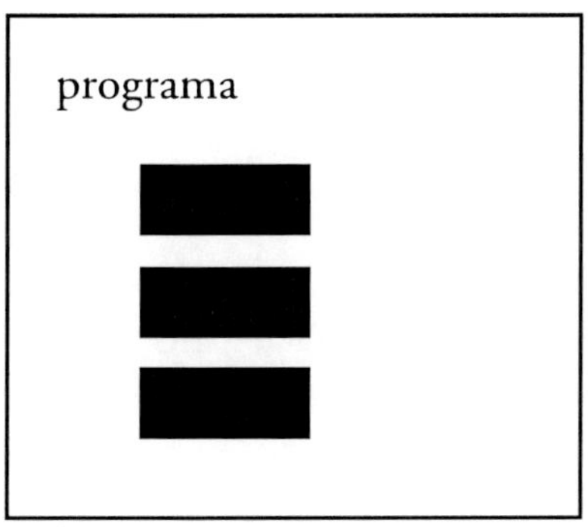

Figura 8.1

Na Figura 8.2, temos o uso de um subalgoritmo chamado SUB para substituir a repetição do código. Nos pontos onde existiam as repetições passa a existir a **ativação** do subalgoritmo. Os pontos imediatamente após a ativação do subalgoritmo SUB são chamados **pontos de retorno** porque quando é encerrada a execução de SUB, o programa retoma a sua execução a partir deles.

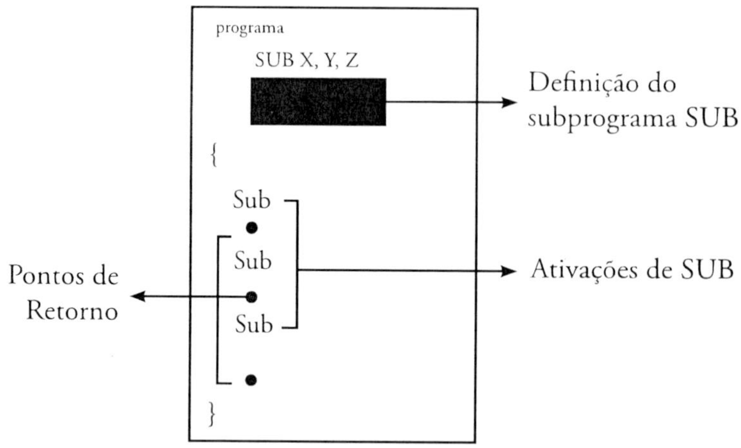

Figura 8.2

A definição de um subprograma é feita por uma declaração-de-subprograma, que também define suas convenções de chamada. Todo subprograma precisa ser declarado antes de ser usado.

A chamada de um subprograma é feita pelo comando chamada-de-subprograma.

O encerramento de um subprograma pode ser feito por um comando-de-retorno.

8.3 Vantagens da Utilização de Subprogramas

A utilização de subprogramas apresenta vantagens como:

1. Economia de código: escreve-se menos;
2. Desenvolvimento modularizado: pensa-se no algoritmo por partes;
3. Facilidade de depuração (correção/acompanhamento): é mais fácil corrigir/ detectar um erro em apenas um trecho de código;
4. Facilidade de alteração do código: se é preciso alterar, altera-se apenas uma vez;
5. Generalidade de código com o uso de parâmetros (a utilização de parâmetros é tratada neste capítulo em seção posterior). Escrevem-se algoritmos para situações genéricas.

Em geral, na maioria das linguagens de programação há duas espécies de subprogramas: o PROCEDIMENTO e a FUNÇÃO.

Segundo TUCKER(2008), em linguagens diferentes, as funções são conhecidas como procedimentos, sub-rotinas, subprogramas ou métodos, e possuem diversas características em comum, assim como algumas diferenças importantes nas mais variadas linguagens.

Em Python, não temos a ideia de procedimento, fazendo com que a linguagem esteja focada em funções, mas por uma questão didática, em nosso texto vamos estabelecer uma diferença entre essas duas categorias básicas de subprogramas até para facilitar a aprendizagem de outras linguagens de programação no futuro.

8.4 Procedimento

É um conjunto de comandos da linguagem que são agrupados sob um nome chamado de identificador do PROCEDIMENTO e que pode ser ativado de pontos distintos do programa. Em um procedimento, pode-se ou não retornar valores ao ponto de chamada. Veja o exemplo de procedimento a seguir:

PYTHON
def LEIANOME: Nome = input("Digite seu nome: ")

Todas as vezes que se quiser efetuar a leitura da variável **Nome** (que deve ter sido definida no programa principal) pode-se mandar executar o procedimento LEIANOME ao invés de repetir as instruções que têm essa finalidade inúmeras vezes.

8.4.1 Declaração de Procedimentos

Para usar um procedimento é necessário defini-lo antes do seu uso, o que é realizado através de uma declaração de procedimento.

Formato geral:

PYTHON
def <NOME> [(LISTA-PARÂMETROS)]:   <COMANDOs>

* <NOME> é um identificador válido da linguagem, associado a este procedimento após sua declaração. O procedimento poderá ser ativado pela simples menção desse <NOME>.

* <LISTA-PARÂMETROS> – será detalhada na seção 8.7.
* Em um programa que contenha procedimentos tem-se, resumidamente:

- Definição do procedimento -> Declaração
- Chamada do procedimento -> Comando

Devemos observar que há um recuo entre o cabeçalho do subprograma e os comandos que fazem parte do mesmo. Na linguagem Python, esse recuo padrão é de 4 (quatro) espaços. Esse recuo configura a ideia de um bloco de código que está subordinado e pertence ao subprograma. Em outras linguagens de programação faz-se o uso de delimitadores para determinar um bloco de código.

Na linguagens Java e C, por exemplo, temos as chaves "{ }" para determinar o início e o fim de um bloco. Na Linguagem Lua, usam-se as palavras reservadas **DO/THEN** e **END** para indicar um bloco.

Modelo genérico:

PYTHON

```
def SUBROTINA [(LISTA-PARÂMENTROS)]:
        <DECLARAÇÃO>
     COMANDOS
.
.
 DECLARAÇÃO-N
#               {* Inicio dos Comandos * }

  COMANDO-1
  COMANDO-2
  SUBROTINA    {O procedimento é chamado}
  COMANDO-4    {O ponto de retorno após o fim do
               procedimento}
  .
  COMANDO-N
```

8.4.2 Exemplo de Declaração de Procedimento:

PYTHON

```
def CALCULADIGITO:
    global DIGITO     #Faz menção à variável global DIGITO
    SOMA = 0
    for I in range (0,5):
       SOMA = SOMA + MATRICULA [I] * (I+1)
     DIGITO = SOMA % 11
     if DIGITO >9:
       DIGITO = 0

DIGITO=0
MATRICULA = [0,0,0,0,0]
for I in range(0,5):
    MATRICULA[I] = int(input("Digito matricula: "))
CALCULADIGITO;
print("O DIGITO VALE: ", DIGITO)
```

Explicação: observe que um retorno dos resultados do procedimento é feito sobre a **variável global** DIGITO.

8.5 Função

É similar ao procedimento, mas, além de executar uma série de comandos, tem a obrigatoriedade de retornar um valor em um espaço reservado quando da sua declaração. Vejamos o exemplo a seguir:

PYTHON

```
def MAIOR (N1,N2):
    if N1>N2:
        return (N1)
    else:
        return (N2)

# Programa Principal

X = int(input ("Digite um valor para X: "))
Y = int(input ("Digite um valor para Y : "))
if X != Y:
    print ("O maior eh: ",MAIOR(X,Y))
else:
    print (X, " e ", Y ," sao iguais")
```

Todas as vezes que se quiser determinar quem é o maior entre dois números lidos pelo teclado, a função MAIOR resolve o problema devolvendo a quem chamou o valor do maior número.

Este retorno do maior valor é feito pelo comando ***return***.

Note que a função **maior** é do tipo inteiro, isto é, ela sempre **retorna um valor inteiro**. Devido ao fato de retornar um valor, uma função pode ser usada em expressões matemáticas, lógicas ou relacionais.

Exemplos de ativações da função MAIOR:

PYTHON

1. print (MAIOR(5,7))

```
# Será escrito o número 7
```

2. MAIORNUMERO = MAIOR(X,Y)

```
# À variável MAIORNUMERO atribuir-se-á o maior entre X e Y
```

3. if MAIOR (X,Y) == MAIOR(Z,W):

```
    print ("Os dois maiores são iguais")

# Se o maior entre X e Y for igual ao maior entre Z e W, então eles
#são iguais
```

8.5.1 Declaração de Funções

Para se usar uma função é necessário defini-la antes de seu uso, o que é realizado através de uma declaração de função.

Formato geral:

```
PYTHON

def <NOME> [<LISTA_PARAMETROS>]:
      [<DECLARAÇÕES>]

      COMANDOS
      return  (<VALOR>)
```

* <NOME> é um identificador associado a esta função após sua declaração. A função poderá ser ativada pela simples menção deste <NOME>.

* <LISTA-PARÂMETROS> será detalhada na seção 8.7.
* <TIPO> o tipo de valor que a função retorna (caracter, inteiro, real etc.).
* <VALOR> valor a ser retornado pela função a quem a ativou.
* Em um algoritmo que contenha funções, tem-se, de maneira análoga ao caso dos procedimentos:

Definição da função -> Declaração
Chamada da função -> Comando

Obtém-se, então, o seguinte formato geral:

```
PYTHON

def <NOME> [(LISTA_PARAMETROS)]:

    DECLARAÇÕES
    COMANDOS
    return  (<VALOR>)

.
DECLARAÇÃO-n

COMANDO-1
COMANDO-2
<NOME>          {Ativação da função}
COMANDO-4    {Ponto de retorno}
  ....
COMANDOn
```

8.5.2 Exemplo de Declaração de Função

PYTHON

```
def CALCULADIGITO:
    var    I, SOMA : integer;
    SOMA = 0
    For I in range(0,5):
    SOMA: = SOMA + MATRICULA [I] * (I +1);
    If (SOMA % 11) > 9:
        return 0
    else:
        return (SOMA % 11)


MATRICULA = [0,0,0,0,0]

for I in range(0,5):
    MATRICULA [I] = int(input ("Matricula: "))

Print("O dígito vale: ', CALCULADIGITO)
```

Explicação: observe que a função CALCULADIGITO é ativada através do comando **print** em Python. Atente para o comando **return**, devolvendo o valor da variável local **DIGITO** para o programa principal.

Exercícios Resolvidos

R8.01 – Escreva um programa para ler uma quantidade de, no máximo, 10 números e exibi-los classificados de tal forma que o programa principal só contenha ativações de procedimentos.

PYTHON

```
# Módulos do Programa

def LER:
    N = 11;
    while (N <0 or N > 10):
        N = int(input("QUANTOS NUMEROS: "))
    print("Entre com os numeros desejados:")
    for I in range(0,N):
        VET[I] = int(input("Numero: "))
```

```
def CLASSIFICAR:
   CLASS = 0
   while (CLASS = 0):
         CLASS = 1
         for I  in range(0,N):
              CLASS = 1
              if VET[I] > VET[i+1]:
                 AUX  = VET[I]
                 VET [I] = VET[I+1]
                 VET[I+1] =AUX
                 CLASS = 0
                 K = I

def EXIBIR:
      for I  in range(0,N):
          print(VET[I])

# Programa Principal

N=10
VET = [0]*N
LER()
CLASSIFICAR()
EXIBIR()
```

8.6 Comparação entre Procedimentos e Funções

Item Analisado	Procedimento	Função
ATIVAÇÃO	É um comando normal	Ocorre de forma versátil, por exemplo, parte de uma expressão ou comando
CABEÇALHO	NOME(PARÂMETROS)	NOME(PARÂMETROS)
RETORNO	Pelo fim do procedimento	Através do comando **return**
UTILIZAÇÃO	Bastante utilizado por linguagens e programadores	Seu uso é atrelado à necessidade de retornar um valor obrigatoriamente ao ponto de ativação

8.7 Passagem de Parâmetros

O problema a seguir servirá de base para ilustrar a introdução ao uso de parâmetros:
Escreva um programa para calcular a adição de 157 com 2095.

PYTHON
SOMA: = 157 + 2095; print ("A soma: ", SOMA)

Note que esta solução limita-se a resolver apenas o problema de adicionar os dois números pedidos (157 e 2095), sendo ineficaz para solucionar o mesmo problema para outro par de números qualquer.

Quando se quer escrever um subprograma para tratar o caso mais genérico possível, deve-se usar a passagem de parâmetros.

Por passagem de parâmetros, entenda-se valores que são entregues ao subprograma para serem processados, estando sujeitos a serem alterados entre uma ativação do subprograma e outra.

A Passagem de Parâmetros é um instrumento que o programador dispõe para estabelecer a comunicação entre os subprogramas e as unidades chamadoras no programa principal.

Os parâmetros permitem a transferência de valores diferentes em cada ativação do subprograma e são válidos, principalmente, sob os aspectos de **generalidade** e **manutenção dos programas**.

Dá-se a designação de parâmetro real ao objeto utilizado na unidade chamadora/ativadora e de parâmetro formal ao recebido como parâmetro no subprograma.

TUCKER (2008) lista cinco formas de passagem de parâmetros: por valor, por referência, por resultado-valor, por resultado e por nome.

Em Python, a passagem de parâmetros é feita apenas por valor**, isto é,** a unidade ativada não tem como alterar o valor de chegada no seu corpo a menos que faça menção à variável global no seu corpo com a palavra reservada **global**. Exemplo: **global x** faz referência à variável global **x**, que deve ter sido declarada no corpo do programa principal.

8.7.1 Passagem de Parâmetros por Valor

TUCKER (2008) define a passagem de parâmetro por valor significando que o valor do argumento é calculado no tempo da chamada e copiado para o parâmetro correspondente.

Na passagem de parâmetros por valor simplesmente passa-se ao subalgoritmo o conteúdo de uma variável ou um valor constante. O subprograma não possui o direito de alterar o valor original do parâmetro real, podendo apenas trabalhar com aquele valor recebido. Deve ser usada sempre quando não se quiser permitir ao subprograma alterar o valor original do parâmetro real.

A passagem de parâmetro padrão na linguagem Python é a passagem por valor.

* EXEMPLO

PYTHON

```
# Declaração do procedimento EXIBECHAR

def EXIBECHAR (LETRA):
    print(LETRA)
    LETRA = "Z"    #Só existe dentro de EXIBECHAR
                   #Valor local apenas
# Programa Principal

CARAC = "A"            #Valor Global
EXIBECHAR(CARAC) #Passando a CARAC

print(CARAC)           #Exibirá a letra "A"
EXIBECHAR("B")         # Passando o caractere "B"
writeln(CARAC)         # Exibirá a letra "A"
```

OBSERVAÇÃO:

O procedimento EXIBECHAR não possui a capacidade de alterar o conteúdo original da variável CARAC. A atribuição LETRA = "Z" no corpo deste código só tem efeito local, alterando apenas o valor do parâmetro formal dentro do escopo do subprograma.

8.7.2 Passagem de Parâmetros com comprimento Variável

Você pode ativar um subprograma passando uma lista de argumentos variáveis. Veja o exemplo a seguir no qual o subprograma exemplo() recebe quantidades variáveis de números para exibir nas três ativações diferentes. Os números são exibidos como uma tupla (vide capítulo 13).

```
def exemplo(*numeros):
      print (numeros)

exemplo(1,2)              →  (1,2)
exemplo (1,2,3)           →  (1,2,3)
exemplo(1,2,3,4)          →  (1,2,3,4)
```

R8.02 - **(COMPERVE - UFRN - 2019 - Técnico de Tecnologia da Informação)** - Python é uma linguagem de programação de alto nível, interpretada, orientada a objetos, funcional, de tipagem dinâmica e forte. Levando isso em conta, analise o código em Python abaixo.

```
def e(b):
    a = b*b
    return a
a = 10
e(a)
e(a)
print(e(a))
```

Nesse caso, ao executar o programa, o valor impresso será

a) 1000 b) 10 c) 100 d) 10000

RESOLUÇÃO:

1) Observe que a variável **a** recebe o valor 10 no início do corpo do programa principal;
2) Em seguida, a função e() é ativada com o parâmetro a=10;
3) Ao chegar no corpo de e(), uma **variável local a** recebe o valor de b*b, isto é, **a = 10*10=100;**
4) Acontece que o valor local de a não altera o valor global de **a** no corpo principal do programa;
5) o mesmo se pode dizer para a segunda ativação de e() com o parâmetro **a** =10
6) na última linha do programa, print(e(a)), o valor original de **a**, que é 10, está preservado, sendo impresso apenas o valor 10*10 = 100
7) portanto, a resposta correta é a **alternativa C.**

OBSERVAÇÃO:

Para que a alteração mudasse o valor de a, a função deveria ter como sua primeira linha uma declaração **global a** para que fosse feita referência à variável a no corpo do programa principal.

8.8 Módulos Externos

Módulos são programas feitos de forma a serem reaproveitados em outros programas.

A incorporação de um módulo é feita pela palavra reservada import seguida do nome do(s) módulo(s) a serem incorporados.

Sintaxe:
Import <MÓDULO>

A importação pode ser de pacotes já disponíveis na linguagem ou pacotes desenvolvidos pelo programador. Ao digitar: **import math** e em seguida **dir(math),** vai mostrar:

```
>>> dir (math)
['__doc__', '__loader__', '__name__', '__package__', '__spec__', 'acos', 'acosh'
, 'asin', 'asinh', 'atan', 'atan2', 'atanh', 'ceil', 'copysign', 'cos', 'cosh',
'degrees', 'e', 'erf', 'erfc', 'exp', 'expm1', 'fabs', 'factorial', 'floor', 'fm
od', 'frexp', 'fsum', 'gamma', 'gcd', 'hypot', 'inf', 'isclose', 'isfinite', 'is
inf', 'isnan', 'ldexp', 'lgamma', 'log', 'log10', 'log1p', 'log2', 'modf', 'nan'
, 'pi', 'pow', 'radians', 'sin', 'sinh', 'sqrt', 'tan', 'tanh', 'tau', 'trunc']
```

```
from math import sin,pi
print (sin (pi /2))            #exibirá o valor 1.
```

Algumas funções do pacote **math**:

math.fabs(x) – Retorna o valor absolto de x
math.factorial(x) – Retorna o factorial de x
math.exp(x) – Retorna ex
math.log2(x) – Retorna o logaritmo de x na base 2
math.log10(x) – Idem na base 10
math.pow(x, y) – Retorna x**y
math.sqrt(x) – Retorna a raiz quadrada de x
math.acos(x) – Retorna arco-cosseno de x
math.asin(x) – Retorna arco-seno de x
math.atan(x) – Retorna arco-tangente de x
math.cos(x) – Retorna cosseno de x
math.tan(x) – Retorna seno de x
math.pi – a constante pi

Outros pacotes úteis: sys, os, time, random.

Se o programador tem um pacote de módulo gravador com um nome e terminação **.py**, ele pode invocar esses módulos no seu programa atual com o comando:
import rotinas
Onde rotinas.py tenha sido gravado anteriormente na pasta corrente.

Exercícios Resolvidos

R8.03 – Escreva um programa que demonstre a passagem de parâmetros por valor.

PYTHON

```
def ROT1(N):
    N = 4

# Programa Principal

NUM = 5
Print("Valor de NUM antes: ", NUM)
ROT1 (NUM)   #Ativacao ROT1
print("Valor de NUM após: ", NUM)
```

EXPLICAÇÃO:

O valor de NUM antes da ativação de ROT1 deverá ser igual ao valor após a ativação porque a passagem do parâmetro foi feita por valor apenas, isto é, a atribuição N = 4 dentro de ROT1 não tem o poder de alterar o valor inicial de NUM que é 5.

R8.04 – Escreva um algoritmo que gera o termo de ordem N na sequência de Fibonacci.

Sequência: 0, 1, 1, 2, 3, 5, 8, 13, 21, ..., N

PYTHON

```
def FIB(ORDEM):
    if ORDEM == 0:
      return (0)
    elif ORDEM == 1:
        return (1)
      else:
          NUM1=0;
          NUM2=1;
          for IND in range(3,ORDEM+1):
              NUM3  = NUM1 + NUM2
              NUM1  =NUM2
              NUM2 =NUM3
          return (NUM3)

print ("Geracao do enesimo termo Fibonacci")
ORDEM = int(input("Digite a ordem do termo: "))
print("O ", ORDEM, " o. termo: ", FIB(ORDEM))
```

Observação:

A função FIB é ativada tendo como parâmetro ORDEM que é passado por valor, isto é, a função FIB não pode mudar o valor original de ORDEM.

Exercícios Propostos

P8.01 – Por que precisamos de subprogramas ou rotinas?

P8.02 – Aponte todas as diferenças entre procedimentos e funções.

P8.03 – Qual a relação entre a ativação de um procedimento e o comando de retorno?

P8.04 – Quais são as justificativas para usar passagem de parâmetros?

P8.05- Qual é o significado da declaração de uma variável como GLOBAL?

P8.06 – Desenvolva um procedimento TROCA(A,B) que troca os valores de A e B.

P8.07 – Reescreva o exercício resolvido R5.01, em forma de uma função, de tal forma que o valor de retorno da mesma seja a adição de dois números quaisquer recebidos como parâmetros.

P8.08 – Elabore uma FUNCAO MAX(VETOR,TAM) que retorna o maior valor dentre os elementos de um vetor de inteiros.

P8.09 – Escreva uma FUNCAO MIN(VETOR,TAM) semelhante à do P7.02, retornando o menor valor.

P8.10 – Escreva um procedimento PRODUTO(VET1,VET2, PROD, TAMANHO) que calcula o VETOR PROD a partir da multiplicação dos componentes de VET1 por VET2.

P8.11 – Elabore uma função do tipo inteiro que recebe um número inteiro como parâmetro e retorna o fatorial do mesmo.

P8.12 – Desenvolva uma função que retorna o número de divisores de um número inteiro recebido como parâmetro.

P8.13 – Escreva uma função para retornar um valor lógico verdadeiro se um número recebido como parâmetro for primo e falso em caso contrário.

P8.14 – Reescreva o programa que segue de tal modo que o corpo do programa principal fique o menor possível:

```
ESTOQUE = [0,0,0,0,0,0,0,0,0,0]
CODIGO   =  [0,0,0,0,0,0,0,0,0,0]

I=0
CODIGO [I] = input("Codigo: 9999 p/ sair")
ESTOQUE [I] = input ("Estoque: ")
while (CODIGO [I] != 9999) and  (I <= 9):
           I = I + 1
           if I <= 9:
           CODIGO [I] = input ("Codigo: 9999 p/ sair ")
                ESTOQUE [I] = int(input ("Estoque: "))
N = I - 1

print ("Digite os numeros cliente, mercadoria,quantidade: ")
CLIENTE = input ("Cliente: ")
MERCADORIA = input ("Mercadoria: ")
QUANTIDADE = int(input (Quantidade: ") )

while CLIENTE != 9999:
            I = 0;
            while (I<=N) and (MERCADORIA [I] != CODIGO [I]) do
```

```
                I = I + 1
        if MERCADORIA == CODIGO [I]:
            if ESTOQUE [I] >= QUANTIDADE:
                ESTOQUE [I] = ESTOQUE [I] - QUANTIDADE
            else:
                print ("MERCADORIA EM ESTOQUE EH INSUFICIENTE")
        else:
            print ("MERCADORIA NÃO EXISTE")
        print ("Digite os numeros cliente, mercadoria,quantidade: ")
        CLIENTE = input ("Cliente: ")
        MERCADORIA = input ("Mercadoria: ")
        QUANTIDADE = int(input (Quantidade: ") )

for I in range (N+1):
    print (" CODIGO        ESTOQUE")
    print ( CODIGO [I], " ",ESTOQUE [I])
```

P8.15 – Escreva um programa que ofereça em um MENU opções correspondentes às do problema anterior e uma adicional para finalizar a execução do mesmo. Utilize funções.

P8.16 – Escreva uma função para calcular o número de combinações de **n** objetos combinados **r a r**. A fórmula é dada a seguir:

$$Cn, r = \frac{n!}{r!*(n-r)!}$$

P8.17 – Assinale **V** (Verdadeiro) e **F** (Falso) para cada uma das afirmativas a seguir:

a. ( ) Em geral, a utilização de subprogramas gera a economia do número de linhas de código do programa.
b. ( ) A generalidade de código pode ser obtida com a utilização da passagem de parâmetros, possibilitando que o mesmo trecho de código seja utilizado para tratar valores diferentes.
c. ( ) Função e procedimento não têm nenhuma característica em comum.
d. ( ) O tipo de problema a ser resolvido vai determinar a necessidade ou não de usar subprogramas.
e. ( ) O ponto de retorno é a linha imediatamente seguinte à instrução de ativação do subprograma.
f. ( ) A passagem de parâmetros por valor permite alterar o valor original da variável global.
g. ( ) A ordem dos parâmetros no cabeçalho do subprograma é posicional, sendo importante a coincidência de posição dos parâmetros na ativação e no cabeçalho do subprograma.
h. ( ) O comando **"MED = CALCULAMEDIA(N1,N2)"** contém a ativação de uma função com dois parâmetros.

P8.18 - (Adaptado de POSCOMP - 2009) Dado o programa a seguir, qual o valor exibido no final?

```
def a:
   v1 = 1
   v2 = 2

def  b (v1, v2):
```

```
        v1 = 3;
        v2 = 4

v1=5
v2=6
a()
b(v2,v1)
print (v1,' ',v2)
```

a. 3 5 b. 4 3 c. 3 4 d. 5 6 e. 5 3

P8.19 - (Adaptada de FURP - Analista Sistemas JR. - 2010) Observe o seguinte código:

Se atribuirmos a A_num=6 e B_num=3 ,e, em seguida executarmos o código, o valor final da variável D_num será:

a. 70 b. 50 c. 60 d. 10 e. 18

P8.20 - (Adaptada de FURP - Analista Sistemas JR. - 2010) Se reescrevêssemos o código da questão **P8.19** da seguinte forma:

P8.21 - (Adaptado de COPEL/PR - Analista Sistemas - 2010) O trecho a seguir foi retirado de um programa escrito na linguagem Python. Ele apresenta a implementação da função ***calculo***.

A respeito dessa função, avalie as afirmações abaixo:

I. A implementação proposta está incorreta, uma vez que não segue a sintaxe e a semântica da linguagem C
II. f (10) = 14
III. f (-2) = 1
IV. O programa só produz resultado para valores de x < 10

As afirmações **VERDADEIRAS** são:

a. Apenas II b. II e III c. III e IV d. II,III e IV e. Apenas I

P8.22 – (IF-CE - 2017 - Técnico de Laboratório - Informática) - Considere o trecho do programa Python abaixo:

```
def func():
    x = 1
    print(x)

x = 10
func()
print(x)
```

Os valores impressos, ao se executar o programa, são, respectivamente,

a) 1 e 1
b) 10
c) 1 e 10
d) 10 e 1
e) 10 e 10

P8.23 – (CETAP – AL-RR – Analista Sistemas – 2010) - Sobre a linguagem de programação PYTHON, marque a alternativa **INCORRETA**.

a) Python suporta a maioria das técnicas da programação orientada a objetos.
b) Python suporta e faz uso constante de tratamento de exceções como uma forma de testar condições de erro e outros eventos inesperados no programa.
c) As funções são definidas em Phyton utilizando a palavra chave ***def.***
d) A separação de blocos de código em Phyton é feita utilizando a indentação de código.
e) O operador lógico de conjunção ("e", como em a e b) é **&&.**

P8.24 – (FGV – AL-RO – Analista de TI – 2018) - do código Python a seguir termina com sucesso, mostrando a lista de números dispostos em ordem crescente corretamente.

```
def  bubbleSort(numeros):
   trocas = 0
   trocou = True
   while trocou:
         trocou = False
         for i in range(0,len(numeros)-1):
             trocas += 1
             if numeros[i] > numeros[i+1]:
                 numeros[i],numeros[i+1] \  = numeros[i+1],numeros[i]
                 trocou = True
    return trocas

    numeros = [17, 20, 26, 31, 44, 55, 77, 94, 93]
    print (bubbleSort(numeros))
    print (números)
```

Assinale a opção que indica o valor exibido pelo primeiro comando *print.*

a) 0 b) 1 c) 8 d) 16 e) 6

P8.25 – A partir da análise do código Python a seguir, qual o resultado exibido pelo programa quando termina com sucesso?

```
def  sr (n):
       r = n / 2
       for k in range(10):
            r = (1 / 2) * (r + (n / r))
       return r
```

```
print sr (9)
```

a) 9 b) 4 c) 4.5 d) 3 e) 6

P8.26 – (POSCOMP – 2017 - QUESTÃO 38) – Analise as seguintes afirmações sobre subprogramas em linguagens de programação:

I. Cada subprograma tem um único ponto de entrada.
II. O controle sempre retorna para o chamador quando a execução do subprograma termina.
III. A unidade chamadora é suspensa durante a execução do subprograma chamado.
IV. Uma chamada a um subprograma é a requisição explícita para que ele seja executado.

Quais estão corretas?

A) Apenas I e IV.
B) Apenas II e III.
C) Apenas I, II e III.
D) Apenas II, III e IV.
E) I, II, III e IV.

P8.27 – (FCC - TJ-MA - 2019 - TJ-MA - Técnico Judiciário - Técnico em Informática - Software) - Considere o programa Python abaixo:

```
I
......
  for x in pro:
    print(x)
processos = ["0456789908", "0875643087", "0897645109"]
exibir_processos(processos)
```

Para que o programa seja executado corretamente, em condições ideais, a indicação I deve ser substituída por:
a) private exibir_processos(pro):
b) public exibir_processos(pro):
c) function exibir_processos(pro):
d) definition exibir_processos(pro):
e) def exibir_processos(pro):

Capítulo 9

Noções de Recursividade e Complexidade de Algoritmos

Bem-feito é melhor que bem explicado.
Benjamim Franklin

9.1 Noções de Recursividade

Você já ouviu falar no cachorro correndo atrás do próprio rabo? Pois esta imagem tem semelhanças com a recursividade.

A recursividade é uma característica que alguns problemas apresentam, que é a de serem definidos em termos deles mesmos. Todo problema que se comporta assim é dito ser recursivo.

A recursão é uma técnica apropriada se o problema a ser resolvido tem as seguintes características:

1. a resolução dos casos maiores do problema envolve a solução de um ou mais casos menores;
2. os menores casos possíveis do problema podem ser resolvidos diretamente;
3. a solução iterativa, usando as estruturas de repetição, é complexa.

Miller e Ranum (2013) afirmam que toda solução recursiva deve obedecer às 3 leis da recursividade:

1. O algoritmo recursivo deve possuir um **caso base, que permita parar a recursividade**;
2. O algoritmo recursivo deve alterar o seu estado de maneira a **buscar** aproximar-se **do caso base**;
3. O algoritmo recursivo deve ter uma **chamada a si mesmo** (direta ou indiretamente).

Vejamos um exemplo:

* EXEMPLO

O problema do fatorial, que foi visto no exercício **R6.08**, é recursivo por definição:

$$FAT\,(N) = N\,x\,(N - 1)\,x\,(N - 2)\,x\,(N - 3)...x\,1$$

Existe um caso especial: FAT (0) é igual a 1, por definição.

Vamos calcular pela fórmula dada na **equação 1** o fatorial de 3 (**3!**):

$$FATORIAL(3) = 3! = 3x(3-1)x(3-2) = 3x2x1$$

A partir da **equação 1** e do exemplo do fatorial de 3, podemos concluir que o fatorial de N está expresso em termos do fatorial de **N – 1**:

$$FAT\,(N) = N\,x\,(N - 1)\,x\,(N - 2)\,x\,(N - 3)...x\,1$$

Resumindo:

$$FAT\,(N) = N\,x\,FAT(N - 1)$$

A equação 2 é válida para todos os números inteiros com exceção do 0 (zero), sendo portanto, necessário um tratamento especial para o fatorial de zero.

O programa recursivo para o cálculo do fatorial de N ficaria assim:

PYTHON

```
def FAT (N):
    if N == 0:          # Teste para caso de N=0 (zero)
        return 1
    else:
        return (N * FAT (N-1))      # Ativação de FAT


# PROGRAMA PRINCIPAL

N = int(input("Digite um número: "))
print("O fatorial de ", N, " eh ", FAT(N))
```

Note que para cada chamada da função recursiva FAT deve ser criado um novo nível de ativação, guardado em uma pilha, onde para cada um destes níveis de ativação há um parâmetro de chegada e um valor de rechamada para uma nova ativação ou um valor de retorno.

Criaremos uma tabela para melhor expor a observação anterior e para isso vamos calcular o fatorial de 3:

Número Ativação	(N) Valor Chegada	Rechamada	Valor Retorno
1	3	3*FAT(3-1)	

2	2	2*FAT(2-1)	
3	1	1*FAT(1-1)	
4	0		1
3			1
2			2
1			6

Atente para o fato de que até ser atendida a condição de retorno (N = 0), têm-se apenas reativações de FAT. Quando o valor de chegada é igual a 0 (na ativação 4), começa o processo de retorno, onde cada nível imediatamente superior recebe o resultado do nível inferior. Quando um nível recebe o resultado

do seu nível inferior ele o aplica para poder calcular a expressão "FAT := N * FAT (N – 1)" que até então estava indefinida na pilha. Ao ser calculada a expressão, retorna o seu valor calculado para o nível de cima.

Graficamente teríamos a seguinte situação:

VALOR N	**3**	**2**	**1**	**0**
RECHAMADA	3*FAT (3-1)	2*FAT(2-1)	1*FAT(1-1)	-
RETORNO	6 ←	2 ←	1 ←	1

É importante que seja observada a condição de encerramento da recursão para evitar que este processo continue indefinidamente, fazendo com que o programa entre em ***looping*** infinito.

Exercícios Resolvidos

R9.01 – Resolva de forma recursiva o jogo das torres de Hanoi.

O jogo consiste em trabalhar com discos de diferentes tamanhos, onde os mesmos podem ser movidos entre três hastes distintas que chamaremos de **A**, **B** e **C**. No princípio do jogo, os discos estarão todos na primeira haste que é a **A** de tal forma que os maiores devem ficar por baixo dos menores, formando uma pilha do maior para o menor. O objetivo do jogo é mover todos os discos de **A** para **B**, usando a haste **C** como auxiliar e seguindo as regras a seguir:

1. apenas um disco pode ser movido por vez;
2. um disco maior não pode ficar em cima de um menor;
3. todo e qualquer disco pode ser movido de uma haste para outra desde que sejam respeitadas as regras anteriores.

O número de discos a ser usado no jogo fica a critério do jogador. Em nosso caso, utilizaremos 3 (três) discos. A configuração inicial do nosso jogo seria assim:

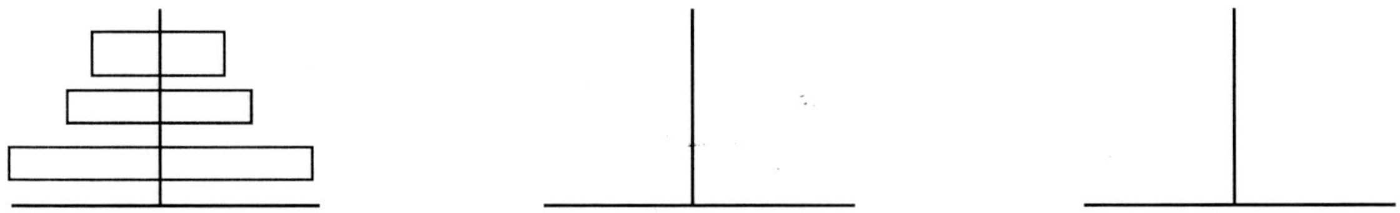

Haste A Haste B Haste C

A solução deste problema advém da redução do problema original em problemas menores. Devem ser feitas reduções sucessivas do problema até que se chegue ao problema trivial de mover um disco de uma haste para outra. Explicando: em nosso exemplo temos 3 discos, então vamos reduzi-lo ao problema imediatamente menor que é o de mover 2 discos e assim sucessivamente até
que se tenha o problema de mover apenas um disco.

Vamos acompanhar, graficamente, a solução para os nossos 3 discos, através da Figura 9.1:

1. observe que os 3 discos estão, inicialmente, na haste A:

Haste A Haste B Haste C

2. Vejamos como seriam os movimentos para resolver o problema:

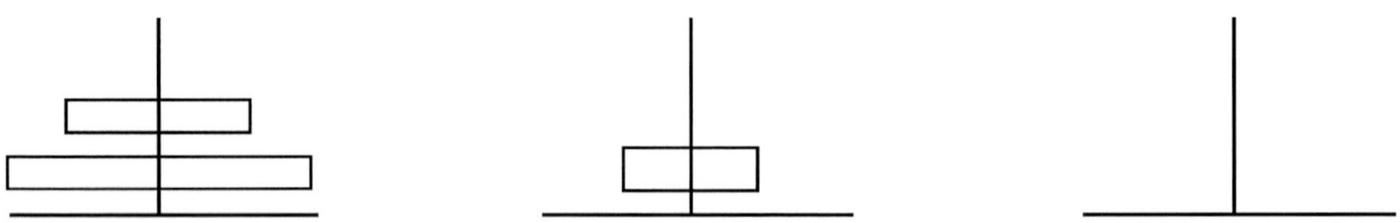

Haste A Haste B Haste C

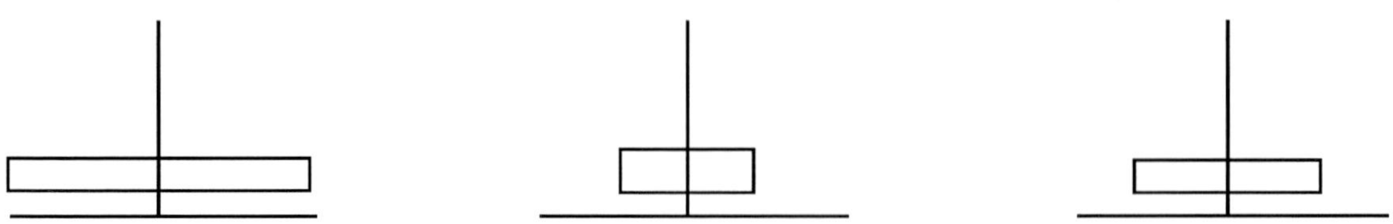

Haste A Haste B Haste C

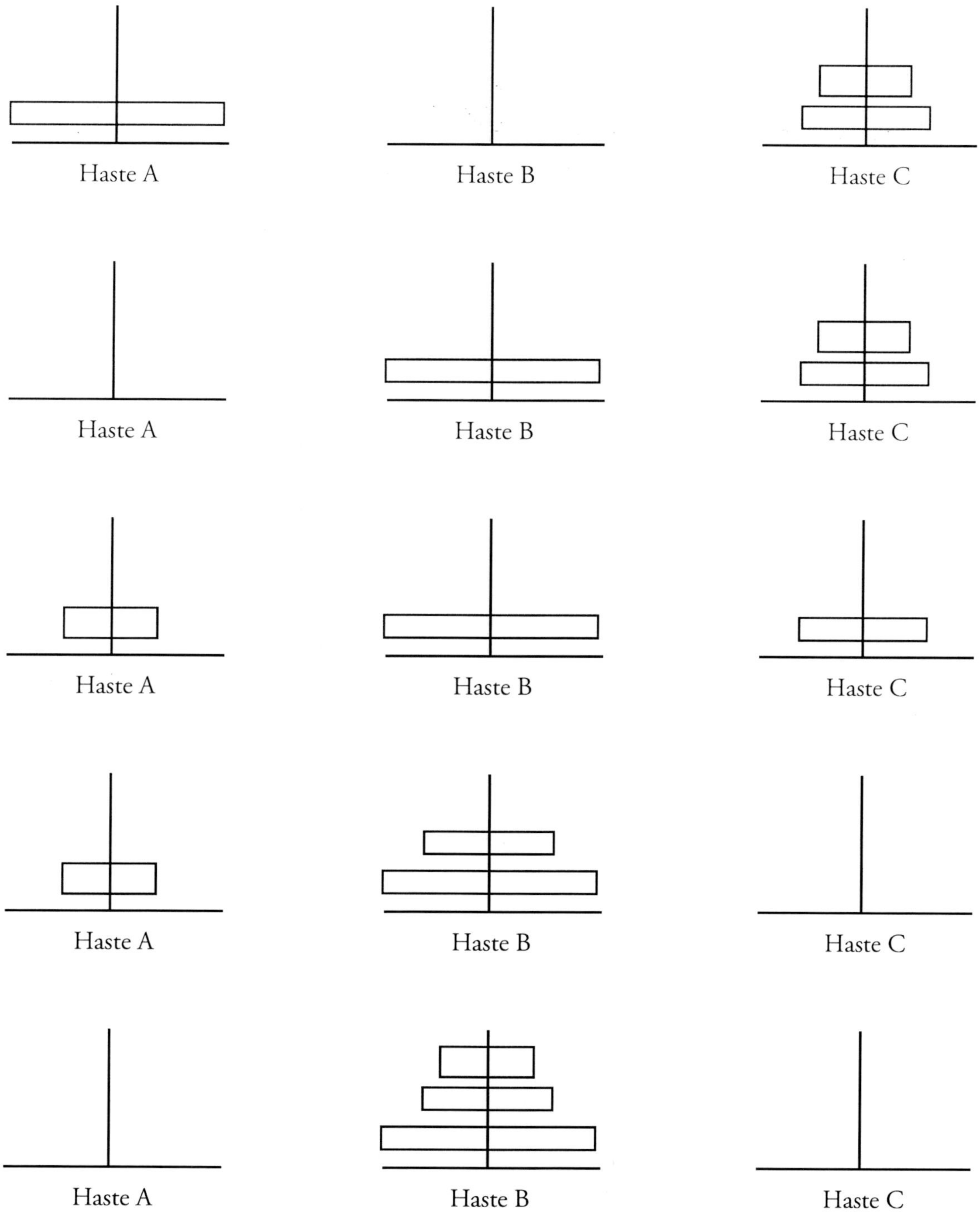

Figura 9.1 – Movimento Discos da Torre de Hanoi – Criação própria

Seguindo esse raciocínio, pode-se estabelecer uma estratégia para resolver o problema de mover um número **N** qualquer de discos da **haste A** para a **haste B**:

Se N = 1 então

mover o disco 1 da haste A para B
Senão

1. Movemos N-1 discos da haste A para a haste C, usando a haste B para armazenamento temporário;
2. Em seguida, movemos o disco N da haste A para a haste B;
3. Por fim, movemos os N-1 discos da haste C para a haste B, usando a haste A para armazenamento temporário.

O procedimento recursivo para implementar esta estratégia ficaria assim:

PYTHON

```
HANOI (N,ORIGEM, DESTINO, TEMPORARIO)
   if N == 1:
     print("Mova disco 1 da haste", ORIGEM, " p/
              haste ",DESTINO)
   else:
       HANOI(N-1,ORIGEM,TEMPORARIO, DESTINO);
       writeln('Mova disco',N,'da haste', ORIGEM,' p/
              haste',DESTINO);
       HANOI(N-1, TEPORARIO, DESTINO, ORIGEM)
     end

end.
```

A saída do procedimento deve ser a seguinte:
1. Mover disco 1 da haste A para haste B
2. Mover disco 2 da haste A para haste C
3. Mover disco 1 da haste B para haste C
4. Mover disco 3 da haste A para haste B
5. Mover disco 1 da haste C para haste A
6. Mover disco 2 da haste C para haste B
7. Mover disco 1 da haste A para haste B

*** CONCLUINDO:**
A recursividade é uma técnica elegante e quem a domina, geralmente demonstra experiência, porém possui um preço: a movimentação de dados na PILHA (controle interno da linguagem para possibilitar ativações recursivas). Essa movimentação de dados de controle, impõe à solução um tempo adicional que pode torná-la ineficiente. Devido a esse tempo extra utilizado pelas soluções recursivas, deve-se dar preferência às soluções iterativas, deixando a utilização da recursividade para os casos apropriados (atentar para características básicas de um problema recursivo).

R9.02 – Escreva uma função recursiva que implementa a potenciação.

Explicação da solução: a potenciação é a operação matemática que tem como resultado final o produto de um número chamado BASE por ele mesmo, tantas vezes quanto seja o valor de um EXPOENTE. Por exemplo: em $\mathbf{2^3}$, temos 3 como o EXPOENTE e 2 como a BASE.

$2^3 = 2 * 2 * 2 = 8$

Diz-se que 2 está elevado a 3. Por definição, qualquer número elevado ao expoente 0 (zero) tem como resultado 1 (um).

PYTHON

```
def POT (BASE, EXPOENTE):

  if EXPOENTE < 0:
    POT = -1
  elif EXPOENTE == 0:
     return 1
  else:
      return (BASE * POT (BASE,EXPOENTE-1))
```

R9.03 – Escreva uma função recursiva que faça a conversão de decimais inteiros para números de qualquer base.

PYTHON

```
def conv(n, base):
  conv_string = "0123456789ABCDEF"
  if n < base:
    return conv_string[n]
  else:
    return conv(int (n / base), base) + conv_string [n % base]
```

Observação: solução adaptada de MILLER & RANUM (2013: p. 122).

9.2 Complexidade de Algoritmos

Segundo CORMEN (2012: 6), "uma medida habitual de eficiência de um algoritmo é a velocidade, isto é, o tempo que um algoritmo leva para produzir seu resultado". Como escolher, entre vários algoritmos, para determinar aquele que terá melhor desempenho? O quanto é complexa uma solução em comparação com outras? Qual é o consumo de recursos computacionais, em termos de memória e tempo de computação, de uma solução em comparação com outras?

Estas e outras questões correlatas são estudadas em uma área da Ciência da Computação denominada de Análise da Complexidade de Algoritmos.

Suponhamos um algoritmo simples, que lê um número e calcula o seu dobro (**Exemplo1**):

```
Leia (Num)
D = 2 * Num
Escreva (D)
```

Quanto tempo esse algoritmo precisa para ser computado? De forma simplificada, vamos assumir que cada instrução desse algoritmo utiliza um tempo padrão UT (unidade de tempo) para ser executada pela CPU do nosso computador. Com base neste pressuposto, podemos afirmar que o nosso algoritmo leva 3 UTS para ser concluído.

Se o problema for aumentado para, por exemplo, ler N números, teríamos o seguinte código, no **Exemplo 2**:

```
1. Leia (N)
2. Para I=1 até N:
3.     Leia (Num)
4.     D = 2 * Num
5.     Escreva (D)
```

Observe que no código do **exemplo 2** temos cinco instruções, levando-nos a pensar que, em tempo de execução, o algoritmo consumirá **5 UT**, mas a linha 2 é uma instrução de repetição, dependente do valor da variável **N**, repetindo **N** vezes as instruções **3, 4 e 5**.

A Tabela 9.1, a seguir, mostra a relação entre o tempo total de execução do algoritmo do exemplo 2 e o valor de N:

LINHA	VALOR DE N	TEMPO TOTAL EM UT
1	0	1 UT
2	1	5 UT
3	2	9 UT
4	3	13 UT
I	...	.....
N	N	(N * 4 + 1) UT

Tabela 9.1 – Relação entre N e tempo de execução – Exemplo 2

Podemos observar que na Tabela 9.1 que se N for igual a 0 (zero), a repetição não será executada, sendo computada apenas a instrução 1 (**Leia (N)**), sendo, portanto, consumida apenas uma UT. Na linha 2, para N igual a 1, teríamos as cinco instruções do algoritmo sendo executadas e o tempo computacional seria de 5 UT.

Se continuarmos aumentando o valor de N, teremos estabelecida uma relação entre **N** e o tempo de computação do algoritmo, o que está expresso na linha N, onde temos uma generalização entre N e o tempo em UT, o que ficou expresso como **(N * 4 + 1) UT**.

Se pensarmos em um valor de N muito grande, tendendo a **+∞ (mais infinito)**, podemos afirmar que esse algoritmo é fortemente dependente de N, tendo sua complexidade determinada exclusivamente por N, devido ao fato de que o trecho mais importante do seu código (linhas 3, 4 e 5) é executado **N** vezes, tendo uma ordem de execução dita **linear**.

Analisaremos agora, um algoritmo que faz a leitura dos elementos de uma matriz quadrada, de **ordem N x N**, no **Exemplo 3**:

```
1. Leia (N)
2. Para I=1 até N:
3.     Para J=1 até N:
4.         Leia (MAT[I,J])
```

A Tabela 9.2, a seguir, relaciona os valores de N e o tempo de execução do algoritmo do exemplo 3:

LINHA	VALOR DE N	TEMPO TOTAL EM UT
1	0	1 UT
2	1	4 UT
3	2	9 UT
4	3	19 UT
I	...	.....
N	N	**$2 *N^2 + 1$** UT

Tabela 9.2 – Relação entre N e tempo de execução – Exemplo 3

Podemos observar na Tabela 9.2 que se N for igual a 0 (zero), a repetição não será executada, sendo computada apenas a instrução **1 - (Leia (N)**, sendo, portanto, consumida apenas uma UT. Na linha 2, para **N igual a 1**, teríamos as **4 instruções do algoritmo sendo executadas uma vez** e o tempo computacional seria de **4 UT**.

Vê-se que, semelhantemente ao caso do exemplo 2, o trecho mais importante do código (linha 4) é executado N^2 vezes, permitindo-nos afirmar que esse algoritmo é de ordem quadrática, porque seu funcionamento é definido por uma função quadrática.

Continuando nesta linha de raciocínio, vamos analisar um algoritmo que multiplica duas matrizes, o **Exemplo 4**:

```
1. Leia (N)
2. Para I=1 até N:
3.     Para J=1 até N:
4.         Para K = 1 até N:
5.             MAT[I,J] = MAT [I,J] + A[I,K] * B[K,J]
```

A Tabela 9.3, a seguir, relaciona os valores de N e o tempo de execução do algoritmo do exemplo 4:

LINHA	VALOR DE N	TEMPO TOTAL EM UT
1	0	1 UT
2	1	5 UT
3	2	23 UT
4	3	67 UT
I	...	.....
N	N	$2N^3 + 4N + N$ UT

Tabela 9.2 – Relação entre N e tempo de execução – Exemplo 3

Da análise da Tabela 9.3, de forma análoga aos casos anteriores, podemos constatar que a linha 5 é executada 2 * N^3 vezes e que a computação total é dada aproximadamente pela fórmula **($2N^3 + 4N + N$) UT**, permitindo perceber que o termo **$2N^3$** é determinante para esse tempo computacional, implicando em uma ordem de complexidade cúbica, que é evidenciada por **N^3.**

A partir dos exemplos anteriores, verificamos a existência de três ordens básicas de complexidade de algoritmos: linear (**N**), quadrática (**N^2**) e Cúbica (**N^3**), permitindo, dessa feita, associar um algoritmo a uma função matemática, o que facilita a sua comparação com outras soluções e a fácil determinação de qual é a solução mais eficiente. A Figura 9.2, a seguir, mostra o comportamento de algumas funções matemáticas que, comumente, podem representar o desempenho computacional de algoritmos, onde o **eixo Y é tempo de computação** e o **eixo X é o tamanho da entrada**:

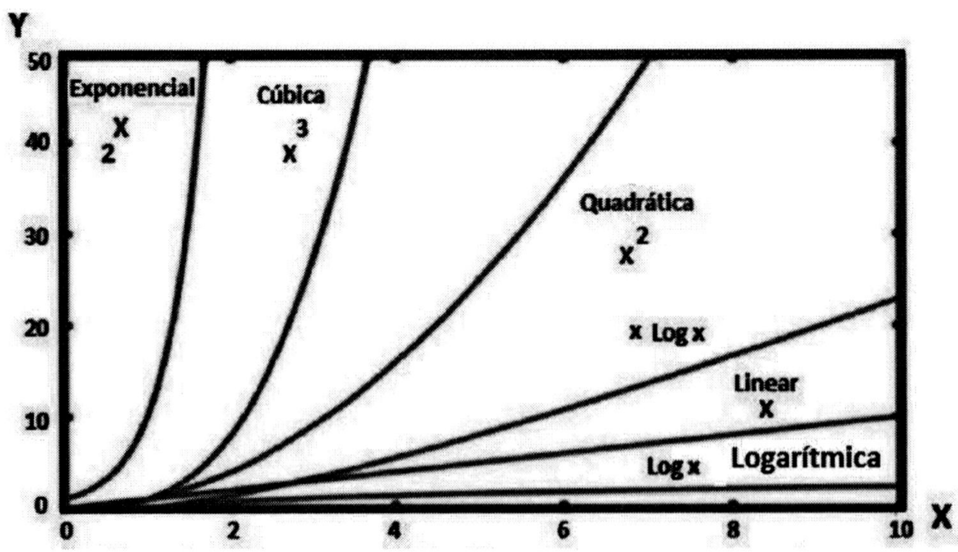

Figura 9.2 – Comportamento das Principais Funções de Complexidade

Observe que, facilmente, pode-se perceber o crescimento muito mais rápido de algumas funções de complexidade em comparação com outras, sendo possível fazer a escolha de uma solução com melhor desempenho para o mesmo problema. A análise do gráfico mostra que há uma complexidade crescente de tempo de computação da **função logarítmica até a exponencial**, permitindo concluir que um programa que se comporta seguindo o modelo de uma função logarítmica tem um tempo computacional muito inferior ao de um programa que segue um modelo exponencial ou quadrático, por exemplo. Nessa análise, deve-se levar em conta que a quantidade dos dados a processar pode tender a infinito, o que faria com que o problema não pudesse ser computado (resolvido) em um tempo finito.

Um dos principais cientistas de primeira grandeza a repercutir mundialmente o seu trabalho sobre complexidade de algoritmos, foi Donald E. Knuth. Em sua série de livros "The Art of Computer Programming", tendo sido lançada com o volume 1 (um) intitulado "Fundamental Algorithms" (Knuth, 1972), Knuth popularizou a notação **Big**-O, proposta por P. Bachmann em seu livro "Analytische Zahlentheorie" de 1892.

A Notação **Big-O** ou notação **O** mostrou-se muito útil para lidar com aproximações de funções que tentam expressar o comportamento e o desempenho de um algoritmo, durante a sua execução, constituindo-se em uma excelente ferramenta teórica para analisarmos um algoritmo. A **notação O** estabelece um limite superior para majorar uma função associada ao comportamento de um algoritmo.

Pela **notação** O, se nós tivermos um algoritmo representado por uma função, que é expressa por um polinômio qualquer de grau menor ou igual a **m**, representado por $\mathbf{P(n) = a0 + a1\ n + ... + a_m n^m}$, então, pode-se afirmar que $\mathbf{P(n) = O(n^m)}$, significando que existe uma constante C tal que o valor $\mathbf{x_n}$ expresso por **O(f(n))** satisfaça a condição $\mathbf{|x_n| <= C\,|f(n)|}$.

"Quando afirmamos que o tempo de execução é **O(n2)**, queremos dizer que existe uma função **f(n) que é O(n2)** tal que, para qualquer valor de **n**, não importando qual entrada específica de tamanho **n** seja escolhida, o tempo de execução para essa entrada tem um limite superior determinado pelo valor **f(n)**. De modo equivalente, dizemos que o tempo de execução do pior caso é **O(n2)**" (CORMEN, 2012: 35).

Knuth (1972: 106) lista algumas operações simples que podem ser feitas com a **notação O** para facilitar o dimensionamento do seu valor:

1) f(n) = O(f(n))
2) C * O(f(n)) = O(f(n)), se C é uma constante
3) O(f(n)) + O(f(n)) = 2O(f(n)) = O(f(n))
4) O(O(f(n))) = O(f(n))
5) O(f(n)) O(g(n)) = O(f(n)g(n))
6) O(f(n)g(n)) = f(n)O(g(n)).

Semelhantemente à **notação O**, temos a notação **Ω (sigma),** que nos fornece um limite assintótico inferior (melhor caso para o desempenho de um algoritmo). **Ω(g(n)),** que significa um conjunto de funções que serve de limite inferior assintótico para uma função f(n):

0 <= cg(n) <= f(n) para todo n >= no e c e no > 0

Seguindo o mesmo raciocínio, temos a notação Θ **(teta)** que fornece limites inferior e superior (caso médio), delimitando uma função dentro do intervalo:

$0 <= c1\ g(n) <= f(n) <= c2\ g(n)$ para todo $n >= no$ e $c1$, $c2$ e $n_o > 0$

A Figura 9.3 exibe as definições das notações apresentadas (Θ, O e Ω):

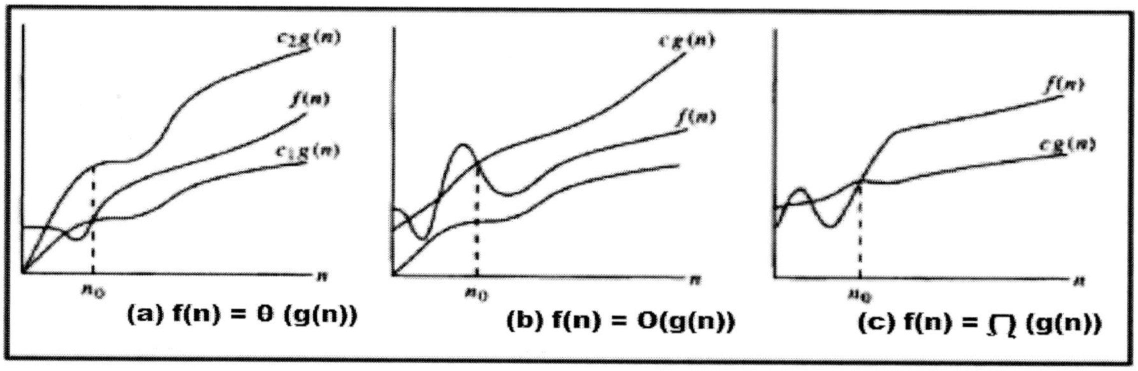

Figura 9.3 – Notações de Complexidade - Fonte: (Cormen, 2012:34)

Exercícios Resolvidos

R9.04 - Dado o seguinte fragmento de algoritmo, qual é a complexidade do mesmo?

```
teste = 0
para i=1 até n:
    para j=1 até n:
        teste = teste + i * j
```

a. O(n)   b. $O(n^2)$ c. O(logn)   d. O(n3)

Resposta Correta: alternativa **b)** porque temos dois laços aninhados, o que nos leva ao caso 5 das operações de Knuth, O(n)O(n) = n.n= n^2, configurando uma complexidade quadrática.

R9.05 - Dado o seguinte fragmento de algoritmo, qual é a complexidade do mesmo?

```
teste = 0
para i=1 até n:
   teste = teste + 1
para =1 até n:
   teste = teste – 1
```

a. O(n)   b. O(n2)   c. O(logn)   d. O(n3)

Resposta Correta: alternativa **a)** porque temos dois laços sequenciados independentes, totalizando 2O(n), que pela regra 2 proposta por Knuth, 2O(n) = O(n)

R9.06 - Dado o seguinte fragmento de algoritmo, qual é a complexidade do mesmo?

```
i= n
enquanto i > 0:
    k = 2 + 2
    i  = i // 2
```

a. O(n)   b. $O(n^2)$ c. O(log n)   d. $O(n^3)$

Resposta Correta: alternativa **c) (log n)** porque temos um laço em função de **n**, mas a **variável i** é dividida por 2 a cada repetição, diminuindo o universo da repetição pela metade a cada iteração, caracterizando o comportamento de **$\log_2$ n (log de n na base 2).**

Exercícios Propostos

P9.01 – Reescreva o algoritmo de EUCLIDES (resolvido **R6.12**) de forma recursiva.

P9.02 – Elabore um algoritmo RECURSIVO que gere o enésimo termo (termo de ordem N) na sequência de Fibonacci (matemático italiano do século 13): 1, 1, 2, 3, 5, 8, 13, 21, 34, 55, ...

DICA: Veja o exercício resolvido **R8.04**.

P9.03 – Execute o procedimento do jogo das torres de Hanoi com 4 discos (HANOI (4,"A","B","C")), acompanhando graficamente essa execução.

P9.04 – Escreva uma versão não recursiva da função a seguir:

```
def P904 (N):
    if N > 1:
      return (N + P904 (N–1))
    else:
      return 1
```

P9.05 – Escreva uma versão não-recursiva da função que segue:

```
def  P905 (N):
    if N == 0:
       return 0
    elif N == 1:
       return 1
    else:
       return (P905(N-1) + P905(N-2))
```

P9.06 – Reescreva o exercício R12.02 de forma iterativa.

P9.07 – Monte uma solução gráfica e iterativa para o problema das **torres de Hanoi.**

P9.08 – Assinale **V** (Verdadeiro) e **F** (Falso) para cada uma das afirmativas a seguir:

a. (   ) Em geral, a solução recursiva é mais eficiente do que a solução iterativa em termos de alocação de recursos de máquina em tempo de execução.

b. ( ) Pode-se dizer que a compreensão de um algoritmo para uma solução iterativa é mais simples que uma solução recursiva.
c. ( ) Não se pode usar uma Função de forma iterativa.
d. ( ) Todo problema tem a sua solução eficiente em termos de um algoritmo recursivo.
e. ( ) A passagem de parâmetros complica o acompanhamento de uma solução recursiva.
f. ( ) A pilha que guarda os valores das chamadas recursivas cresce em tamanho até que seja atingido o ponto de finalização da recursão.
g. ( ) Todo algoritmo recursivo é mais rápido que o seu correspondente iterativo.

P9.09 - (Adaptado de POSCOMP - 2009) - O que imprime o programa escrito em Python abaixo?

```
def f (a , n):
    if (n <= 0):
        return 1
    else:
        return a[n-1] * f (a, n-2) + 1
a = [0, 1, 2, 3, 4, 5]
print (f(a,6))
```

a. 35
b. 36
c. 49
d. 79
e. 1957

P9.10 - (ENADE - 2005)

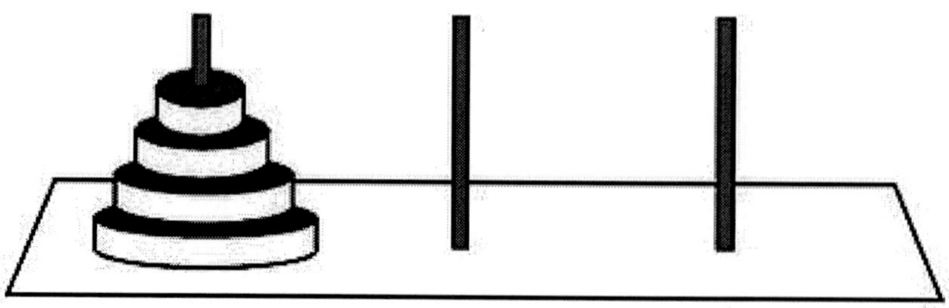

No famoso jogo da Torre de Hanói, é dada uma torre com discos de raios diferentes, empilhados por tamanho decrescente em um dos três pinos dados, como ilustra a figura acima. O objetivo do jogo é transportar toda a torre para um dos outros pinos, de acordo com as seguintes regras: apenas um disco pode ser deslocado por vez, e, em todo instante, todos os discos precisam estar em um dos três pinos; além disso, em nenhum momento, um disco pode ser colocado sobre um disco de raio menor que o dele; é claro que o terceiro pino pode ser usado como local temporário para os discos.

Imaginando que se tenha uma situação em que a torre inicial tenha um conjunto de 5 discos, qual o número mínimo de movimentações de discos que deverão ser realizadas para se atingir o objetivo do jogo?

a. 25
b. 28
c. 31
d. 34
e. 38

P9.11 - (POSCOMP - 2009) A *sequência de Fibonacci* é uma sequência de inteiros, cujo primeiro termo é 0, o segundo termo é 1, e a partir do terceiro, cada termo é igual à soma dos dois anteriores.

O seguinte algoritmo recursivo retorna o *n*-ésimo termo da sequência

```
Procedimento F(n)
se n < 3 então retornar n-1
senão retornar F(n-1) + F(n-2)
```

A chamada externa é F(n), sendo n > 0

Assinale a alternativa *CORRETA:*

a. O algoritmo não está correto, pois não retorna o *n*-ésimo termo da sequência.
b. O algoritmo é ótimo, no que diz respeito ao número de passos.
c. O número de passos efetuados pelo algoritmo é linear em *n*.
d. O número de passos efetuados pelo algoritmo é polinomial em *n*.
e. O número de passos efetuados pelo algoritmo é exponencial em *n*

P9.12 – (FCC - 2009 - TRE-PI) - Considere o seguinte código em português estruturado:

```
FUNÇÃO calcularValor (n: inteiro) : inteiro
INÍCIO
    SE n = 0 ENTÃO
      INÍCIO
         RETORNA 1
      FIM
    SENÃO
      INÍCIO
  RETORNA (n * (calcularValor ( n – 1)))
      FIM
FIM
```

Qual o valor calculado pela função se o argumento n for um número inteiro maior do que zero?

a. e^n
b. n^e
c. n!
d. n*n
e. log(n)

P9.13 – (UnB/CESPE – TER/MT - 2010) Considere o algoritmo em que é feita uma passagem de argumentos por referência, em que V[ ] é um vetor de inteiros e X e Y são valores inteiros.

```
1   função f1(var V[], X, Y: inteiro): inteiro
2   inicio
3      se (X < Y) então
4        se (V[X] = 0) então
5           retorne 1 + f1(V,X+1,Y)
6        senão
7           retorne f1(V,X+1,Y)
8        fimse
9      senão
10       se (X > Y) então
11          retorne f1(V,Y,X)
12       senão
13          retorne 0
14       fimse
15     fimse
16  fim
```

Com respeito ao algoritmo acima, assinale a opção correta.

a. A função recursiva f1 retorna a quantidade de valores zero que existem desde a posição X até a posição Y do vetor V.
b. A chamada f1(vet,8,1) leva a uma execução infinita, qualquer que seja o vetor vet passado como parâmetro.
c. Considere vet um vetor que contenha os valores [1,2,3,4,5,6,7,8,9,10] e a chamada da função f1(vet,1,5). A alteração da linha 5 para que retorne 1 + f1(V,X+1,Y+1) não alteraria o resultado da execução da função.
d. Considerando as características da função f1, não é possível implementá-la em o uso de recursividade.
e. A garantia de que a função recursiva não será infinitamente executada está implementada exclusivamente no trecho do algoritmo que compreende da linha 10 à linha 14.

P9.14 – (FURP/2010- ANALISTA)

```
Function Calcula(valor: inteiro): inteiro
 Inicio
   Se valor= 0
     Calcula< - 1
   Senão
     Calcula < - valor * Calcula( valor-1)
   seFim.
Fim
```

Se a implementarmos e executarmos com Valor <- 6 , o resultado final será:

a. 240   b. 100   c. 100   d. 720   e. 30

P9. 15 – (CESGRANRIO/Téc. de Informática Jr. 2008-Petrobrás) - Considere o seguinte código em português estruturado:

```
PROCEDIMENTO X ( )
VARIÁVEIS
Números : matriz [1..n] de inteiros
INÍCIO
    PARA i DE 1 ATÉ n FAÇA
    INÍCIO
        LER números[i]
    FIM
    PARA i DE 1 ATÉ n-1 FAÇA
    INÍCIO
        PARA j DE i +1 ATÉ n FAÇA
        INÍCIO
            SE números[i] > numeros[j] ENTÃO
            INÍCIO
                aux := números[i]
                números[i] : = números[j]
                números[j] : = aux
            FIM
        FIM
    FIM
    ESCREVA "vetor ordenado: "
    PARA i DE 1 ATÉ n FAÇA
    INÍCIO
        ESCREVER números[i]
        ESCREVER " "
    FIM
FIM
```

Qual a ordem de complexidade do pior caso desse algoritmo?

a. n   b. 3*n   c. 4*n   d. n*logn   e. n*n

P9. 16 – (CESGRANRIO/ Analista de Sistemas 2006 – DECEA) - Observe o código abaixo, que busca o maior elemento de um vetor v[0..n -1].

```
def max (n, v)
  x = v[0];
  for j in range(1,n):
     if (x < v[j] ):
        x = v[j]
  return x
```

A complexidade de tempo desse algoritmo é:

a) O(logn) b) O(n) c) (nlogn) d) O(1) e) (n^2)

P9. 17 – (CESGRANRIO/ Analista de Sistemas Pleno Processos 2006 – Petrobrás) - Durante a análise de um problema de programação, uma analista montou a seguinte fórmula recursiva para descrever a solução do problema:

$$X(a,b) = \begin{cases} 0 \text{ se } i = 0 \text{ ou } j = 0 \\ 1 + X(a-1, b-1) \text{ se } 0 < a \leq M, 0 < b \leq N \text{ e } a = b \\ \text{Minx } \{X(a, b-1)\ X(a-1, b)\} \text{ se } 0 < a \leq M,\ 0 < b \leq N \text{ e } a \neq b \end{cases}$$

A complexidade da solução encontrada é:

a) O(n log n) b) O (n^2 log n) c) O(2^n) d) O (n^2) e) O (n^3)

P9.18 – (Adaptado de CESGRANRIO/2008 – BNDES) Observe o algoritmo a seguir:

```
def algoritmo (v):
        int m;
        int tmp;
        for i in range(len(v)):
            m = i;
            for j in range (i+1,len(v)):
                if (v[j] < v [m]):
                    m = j
                    if ( m!= i) {
                        tmp = v[m]
                        v[m] = v [i]
                        v[ i ] = tmp
```

A complexidade de tempo desse algoritmo, no pior caso, em que *n* corresponde ao número de elementos do **vetor *v***, é:

a. Θ (n).
b. Θ (n log *n*)
c. Θ (*n2*)
d. Θ (*n* log *n*)
e. Ω (*n2* log *n*)

P9.19 – Qual é a complexidade do seguinte programa, que soma os **N** primeiros inteiros?

```
def soma_n (n):
    soma = 0
    for i in range(1,n+1):
        soma = soma + i
    return soma
```

```
print(soma_n(10))
```

a) O (n).
b) O (n log *n*)
c) O(*n2*)
d) O(*n* log *n*)
e) O(*n2* log *n*)

P9.20 – Considere a melhoria do algoritmo da questão **P9.19**, exposto abaixo, que usa a fórmula da soma de N inteiros. Qual a sua complexidade?

$$\sum_{i=0}^{n} i = \frac{(n)(n+1)}{2}$$

```
def soma_n (n):
    return (n * (n + 1)) / 2

print (soma_n(10))
```

a) O(n)
b) O (n^2)
c) O(1)
d) O (log_n)
e) O (0)

P9.21 - (IF Sul Rio-Grandense – 2019 – Analista TI) - Observe a função **print** do código escrito em Python a seguir:

```
def foo(n):
    if n > 1:
        return n * foo(n-1)
    return n

print(foo(4))
```

Qual o resultado impresso por essa função?

a) 4 b) 16 c) 24 d) 20 e) 8

Capítulo 10

Classificação e Busca

A educação é uma caixa de ferramentas.
Herbert Kautman

10.1 Classificação

Uma das operações mais comuns em computadores como também na vida cotidiana, é a de classificação. Nesse tipo de operação tenta-se estabelecer uma ordem entre os elementos de uma lista.

Vejamos alguns exemplos:

Exemplo 1: coloque na ordem alfabética a relação de nomes a seguir:
MARIA, ANTONIO, ILEIDE, ANA

Exemplo 2: ponha os salários, expressos em reais, listados a seguir na ordem crescente:
1.070,00 1000,00 1200,00

O campo sobre o qual se tenta estabelecer a classificação chama-se chave de classificação. No exemplo 1, a chave de classificação era o campo NOME e no exemplo 2, a chave era o valor do salário.

Ao pedirmos para um grupo de pessoas resolverem os exemplos 1 e 2, vão, inevitavelmente, aparecer maneiras diferentes de resolver os referidos problemas. Essas maneiras diferentes de classificarmos listas de dados recebem a designação de métodos de classificação. Analisaremos alguns desses métodos para classificar dados:

Obs.: para todos os métodos tratados estaremos considerando como objeto de classificação um vetor **VET** de TAM componentes.

10.1.1 Método da Bolha (*Bubble Sort*)

Para I de 0 até quantidade de elementos a classificar menos 1, compare VET[i] com VET[i+1], trocando-os de posição se VET[i] > VET[i+1]. Isso faz com que o maior componente dentro do vetor vá para a extremidade mais à direita do mesmo (sobe como BOLHAS de óleo na superfície da água). Em seguida, passe outra vez pelo vetor, começando novamente com I igual a 1. Continua-se repetindo esse processo até que a lista esteja classificada (não haja nenhuma troca). Vejamos o código:

PYTHON

```
# Classifica o vetor VET pelo método da Bolha
def Bolha (VET):
    TROCA = True
    while TROCA:
        TROCA = False
        for I in range (len(VET)-1):
            if  VET[I] > VET [I+1]:
                TROCA = True
                AUX = VET[I]
                VET[I] = VET [I+1]
                VET[I+1] = AUX
```

Vamos analisar o comportamento do método sobre uma variável global **VETOR2**:

VETOR2:	9	8	10	3	1	2	
BOLHA:	9 ↔ 8		10	3	1	2	1a. Varrida
	8	9	10 ↔ 3		1	2	1a. Varrida
	8	9	3	10 ↔ 1		2	1a. Varrida
	8	9	3	1	10 ↔ 2		1a. Varrida
	8	9 ↔ 3		1	2	10	2a. Varrida
	8	3	9 ↔ 1		2	10	2a. Varrida
	8	3	1	9 ↔ 2		10	2a. Varrida
	8 ↔ 3		1	2	9	10	3a. Varrida
	3	8 ↔ 1		2	9	10	3a. Varrida
	3	1	8 ↔ 2		9	10	3a. Varrida
	3 ↔ 1		2	8	9	10	4a. Varrida
	1	3 ↔ 2		8	9	10	4a. Varrida
	1	2	3	8	9	10	4a. Varrida

O algoritmo ainda faz uma 5a. varrida para detectar que não pode efetuar mais trocas.

10.1.2 Classificação por Seleção (*Selection Sort*)

Essa técnica consiste em achar o menor dos N elementos da lista a ser classificada e trocá-lo pelo elemento número 0. Na segunda passagem. Procura-se o segundo menor elemento no subvetor {V2, V3, ..., Vn} e o mesmo é trocado pelo elemento de ordem 1 e assim sucessivamente. Vejamos o algoritmo:

PYTHON

```
# Classificação pelo método da Seleção

def selecao (VET):
    for I in range (len(VET)):
        MIN = I
        for J in range (I+1,len(VET)):
            if VET [J] < VET [MIN ]:
                MIN = J
        AUX = VET[MIN]
        VET [MIN] = VET[I]
        VET [I] = AUX
```

Vamos analisar o comportamento do método sobre um VETOR2:

VETOR2:	9	8	10	3	1	2
SELEÇÃO:	9	8	10	3	1	2
	1	8	10	3	9	2
	1	2	10	3	9	8
	1	2	3	10	9	8
	1	2	3	8	9	10

10.1.3 Classificação por Inserção (*Insertion Sort*)

Nesse método, classificam-se os subvetores sucessivos {V0}, {V0, V1}, {V0, V1, V2}, ..., {V0, V1, V2, ...,Vn}. Em cada passagem, após a primeira, temos um subvetor classificado no qual queremos inserir um elemento. Assim, para I variando de 1 até N, começamos com {V0, .., Vi-1} já classificado. A seguir, separamos o elemento Vi, inserindo-o na sua posição correta no subvetor {V0,...,Vi-1}, obtendo o subvetor {V0, ..., Vi} classificado. Vejamos o algoritmo:

PYTHON

```
# Classificação pelo método da Inserção

def insercao (VET):
    for I in range (1,len(VET)):
        X = VET[I]
        J = I - 1
        while (X < VET[J]) and (J>=0):
            VET [J+1] = VET [J]
            J = J - 1
            VET [J+1] = X
```

Vamos analisar o comportamento do método sobre VETOR2:

VETOR2:	9	8	10	3	1	2
INSERÇÃO:	9	8	10	3	1	2
	8	9	10	3	1	2
	8	9	3	10	1	2
	8	3	9	10	1	2
	3	8	9	10	1	2
	3	8	9	1	10	2
	3	8	1	9	10	2
	3	1	8	9	10	2
	1	3	8	9	10	2
	1	3	8	9	2	10
	1	3	8	2	9	10
	1	3	2	8	9	10
	1	2	3	8	9	10

10.1.4 Comparação dos Métodos

Na comparação de métodos de classificação, existem alguns critérios que nos permitem avaliar a eficiência de um dado algoritmo:

- **ESPAÇO DE MEMÓRIA UTILIZADO** – é um dos critérios menos importantes porque a maioria dos algoritmos de classificação exige, aproximadamente, a mesma quantidade de memória;

- **NÚMERO MÉDIO DE COMPARAÇÕES (SE VET(I) > VET (I+1)** – calcula-se o número médio de comparações sobre todas as possíveis disposições iniciais dos elementos a serem classificados;

- **NÚMERO MÉDIO DE TROCAS EFETUADAS** – determina-se a média de trocas de posições entre os elementos da lista a ser classificada;

- **DISTÂNCIA MÉDIA PERCORRIDA NA MOVIMENTAÇÃO DOS ELEMENTOS** – durante as trocas dos elementos, há uma distância média percorrida pelos elementos;

- **COMPORTAMENTO NO MELHOR E PIOR CASOS** – há algoritmos que preveem o aparecimento da lista já classificada (melhor caso) e aproveitam isso para ganhar tempo; o pior caso ocorre quando o objeto a ser classificado está na ordem inversa à desejada.

A eficiência de um algoritmo de classificação é influenciada, fortemente, pela quantidade de dados a classificar. Para uma quantidade pequena de elementos, praticamente, não há diferença de desempenho entre os métodos.

De uma maneira geral, os algoritmos menos complexos e que requerem uma quantidade menor de memória são menos eficientes que outros que utilizam estes recursos em maior quantidade.

A tabela 10.1, a seguir, compara os três métodos de classificação apresentados anteriormente, segundo os critérios discutidos nesta seção (a variável **N**, que aparece nas fórmulas, refere-se à quantidade de itens a classificar):

Critério de Análise	**Bolha**	**Seleção**	**Inserção**
QUANTIDADE DE MEMÓRIA	*Dependente de N*	*Dependente de N*	*Dependente de N*
N° MÉDIO DE COMPARAÇÕES	$(N^2-N)/2$	$(N^2-N)/2$	$(N^2-N)/4$
MELHOR CASO	$N-1$	$(N^2-N)/2$	$N-1$
Nº MÉDIO DE TROCAS	$(N^2-N)/2$	$N-1$	$(N^2-N)/2$

Tabela 10.1 – Comparação dos Métodos de Classificação

A conclusão imediata que se chega ao analisar os dados da tabela 10.1, é a de que os três métodos discutidos possuem desempenhos semelhantes, devendo ser usados para classificar conjuntos pequenos de dados porque o tempo de computação cresce muito para valores grandes de N, conforme a tabela 10.2 a seguir:

N **Nº De Elementos**	$(N^2 - N)/2$ **(Tempo de Computação)**
1	**0**
2	**1**
5	**10**
10	**45**
20	**190**
100	**4.950**
100	**499.500**

Tabela 10.2 – Tempo de Computação em função de N

10.1.5 Classificação por Ordenação rápida (*Quick Sort)*

O Quicksort é um dos mais populares algoritmos de ordenação na classificação por **QuickSort**, que significa classificação rápida, é baseada na estratégia de dividir para conquistar, ou seja, divide-se o problema inicial em dois subproblemas menores para assim resolver um problema menor utilizando recursividade. Sendo assim, este método baseia-se na divisão da tabela inicial em duas subtabelas, dependendo do 1º elemento da tabela chamado de pivô. Enquanto uma das sub-tabelas contém os elementos menores que o pivô, a outra contém os maiores. Apos a divisão, o pivô é colocado entre ambas, ficando na posição correta. As subtabelas são ordenadas da mesma forma, até que se chegue à tabela com um só elemento. O algoritmo adaptado a partir do site panda.ime.usp.br é:

PYTHON

```
def quickSort(vet):
    quickSortaux(vet,0,len(vet)-1)

def quickSortaux (vet,primeiro,ultimo):
   if primeiro < ultimo:
      splitponto = particao(vet,primeiro,ultimo)
      quickSortaux(vet,primeiro,splitponto-1)
      quickSortaux(vet,splitponto+1,ultimo)

def particao(vet,primeiro, ultimo):
   pivotvalor = vet[primeiro]
   esquerda = primeiro + 1
   direita  = ultimo
   feito = False
   while not feito:
      while esquerda <= direita and vet [esquerda] <= pivotvalor:
          esquerda = esquerda + 1
      while vet[direita] >= pivotvalor and direita >= esquerda:
          direita = direita - 1
      if direita < esquerda:
         feito = True
      else:
         temp = vet [esquerda]
         vet [esquerda] = vet [direita]
         vet [direita]  = temp

   temp = vet [primeiro]
   vet [primeiro] = vet [direita]
   vet [direita]  = temp
   return direita
# Programa Principal
vet = [3,5,2,8,9,4]
quickSort(vet)
print(vet)
```

Critério de Análise	QuickSort
PIOR CASO	*O(n2)*
CASO MEDIO	*O(n log n)*
MELHOR CASO	*O(n log n)*

Tabela 10.3 – Complexidade do Métodos de Classificação **QuickSort**

Em comparação com os 3 primeiros métodos (**Bolha, Seleção e Inserção**) são **O(N²)** e que, no caso médio, o **QuickSort** é **O(nlogn)**, configurando uma diferença significativa na medida em que **N** fica muito grande.

Registre-se que a linguagem Python dispõe de funções para classificar listas, que podem ser usadas pelo programador para fazer a classificação de Vetores representados por listas, mas sem o controle da eficiência do processo. Pela simplicidade, vale a pena conhecer e usar, principalmente para vetores pequenos. Um algoritmo como o da Inserção, ficaria assim:

PYTHON

```
# Classificação Método Inserção

def insercao (VET):
  for I in range (1,len(VET)-1):
    X = VET[I]
    J = I-1
    while (X < VET[J] and (J>=0)):
       VET [J+1] = VET [J]
       J = J - 1
     VET [J+1] = X

VET = [5,2,7,1,9]
print ("Antes: ",VET)
insercao (VET)
print ("Depois:",VET)

OU substitui o código de insercao por:

def insercao (VET):
   VET.sort()

OU

def insercao (VET):
     VET = sorted(VET)
```

Explicação: não temos como afirmar que o método **sort()** usa o algoritmo da inserção para classificar uma lista, servindo o exemplo apenas de ilustração da simplicidade dessa função.

10.2 Pesquisa ou Busca

Uma outra operação muito utilizada em processamento de dados é a de pesquisa ou busca. A operação de busca consiste na procura por um dado elemento dentro de um universo conhecido. Quem já não procurou alguma coisa? Vejamos exemplos:

1. procurou seu nome na relação dos aprovados no vestibular para informática;
2. procurou por um número de uma casa em uma rua;
3. pesquisou nas páginas amarelas por uma livraria técnica.

Como no caso dos métodos de ordenação, aqui também existem maneiras diferentes para procurar ou buscar alguma coisa. Para apresentar os métodos de busca utilizaremos um vetor de N posições.

10.2.1 Pesquisa Sequencial

Consiste na procura de um dado elemento em um vetor não classificado. A pesquisa sequencial termina quando o elemento é encontrado ou quando o fim do vetor ocorre. Eis o algoritmo:

PYTHON

```
def SEQUENCIAL(VETOR,PROCURA):
    ACHOU = False
    TAM = len(VETOR) - 1
    IND =1
    while (IND <= TAM) and (not ACHOU):
        if VETOR [IND] == PROCURA:
            ACHOU = true
        else:
            IND = IND + 1
    if ACHOU:
        return IND
    else:
        return -1

ou

def SEQUENCIAL(VETOR,PROCURA):
    TAM = len(VETOR) - 1
    if PROCURA in VETOR:
        return VETOR.index (PROCURA)
    else:
        return -1
```

Explicação: Na 2ª. solução PYTHON, está sendo usada a função INDEX que retorna a posição de PROCURA na lista VETOR.

10.2.2 Pesquisa Sequencial Ordenada

A diferença desse método para o anterior é que o vetor no qual se fará a pesquisa deve estar previamente classificado, permitindo que se abandone a busca quando se passar do ponto em que deveria estar o elemento procurado.

A ideia básica aqui é a mesma usada quando se procura por um nome em uma relação classificada por ordem alfabética: se procuramos JOÃO SILVA, chegando, por exemplo, em MARIA RITA, podemos concluir que o nome procurado não está na relação.

Vejamos o algoritmo:

PYTHON

```
def SEQORD (VETOR, PROCURA):
    IND = 0
    TAM = len(VETOR) - 1
    RETORNO = 0
    ACHOU = False
    while (IND <= TAMANHO) and (not ACHOU) and (VETOR [IND] <=
PROCURA):
            if VETOR [IND] == PROCURA:
               ACHOU = true
            else:
               IND = IND + 1
    if ACHOU then
       return IND
    else:
       return -1

ou


def SEQUENCIAL(VETOR,PROCURA):
    if PROCURA in VETOR:
       return VETOR.index (PROCURA)
    else:
       return -1
```

Explicação: Na 2ª. solução PYTHON, vale a mesma observação do exemplo anterior. Acrescente-se que o **if** é para evitar o erro de execução da função index se o item não for encontrado na lista VETOR.

10.2.3 Pesquisa Binária

É um método de pesquisa que tem como pré-requisito a classificação do vetor que será objeto da busca. O método consiste em divisões sucessivas do espaço de pesquisa ao meio, conseguindo uma redução do tempo de busca.

PYTHON

```
def Binaria (VET, PROCURA):
   ACHOU = False
   PRIMEIRO = 0
   ULTIMO = len (VET) – 1
   while (primeiro <= ultimo) and (not achou):
        MEIO = (PRIMEIRO + ULTIMO) // 2
        if VET[MEIO] == PROCURA:
          ACHOU = true;
        elif VET[MEIO] > PROCURA:
          ULTIMO = MEIO – 1
        else:
          PRIMEIRO = MEIO + 1
   if ACHOU:
      return MEIO

   else:
      return -1
```

10.2.4 Pesquisa por Transformação de Chave (*Hashing*)

Neste método, utiliza-se uma manipulação matemática sobre a chave (argumento de pesquisa) de tal forma a obter-se diretamente o seu endereço na tabela onde os dados estão armazenados.

Esquematicamente teríamos:

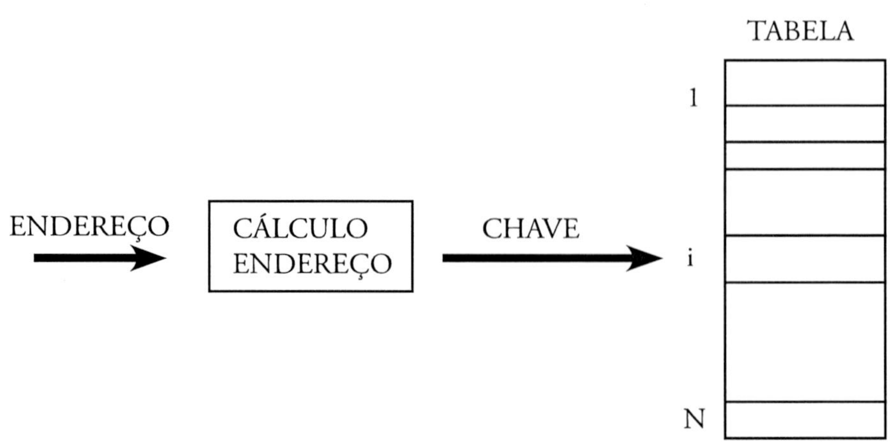

Observe que uma tabela Hashing é uma tentativa de simulação de um vetor (Array) com a possibilidade de termos índices não necessariamente numéricos como é o caso obrigatório no vetor.

Essa constatação é feita em (Cormen(2012), p. 179): "Uma tabela Hash é uma generalização da noção simples de um arranjo comum".

Os passos para usar uma Função Hashing são:

1. Calcular o endereço da chave usando a função Hashing;
2. Acessar a tabela com o endereço calculado.

Exemplos de Aplicações de Funções Hashing:

Problema: Na empresa X, cada um dos 500 funcionários é identificado pelo número único do seu CPF, que tem o formato 999.999.999-99.

Solução: Converter um número que tem na sua parte inteira a possibilidade de representar valores que vão de 0 (zero) a 999.999.999 (novecentos e noventa e nove milhões), sem o dígito, em um outro número no intervalo de 1 a 500.

Observação:

A empresa poderia optar por atribuir a cada funcionário um nº próprio de matrícula, variando de 1 a 500, mas essa decisão poderia acarretar outras por exemplo, o que fazer com o número de matricula de um funcionário demitido?

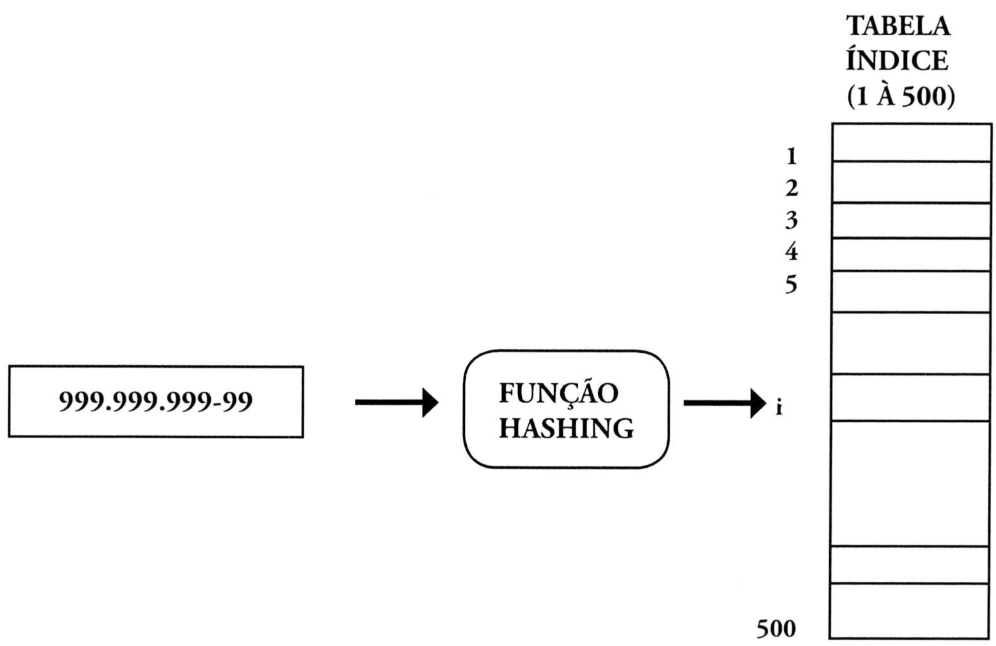

1. **Problema:** Se na mesma empresa X, a identificação fosse pelo nome?

Observação: Existem nomes muito comuns que podem pertencer a várias pessoas diferentes, são os chamados Homônimos.

Além disso, nada impede que dois nomes diferentes possam levar a um mesmo índice na tabela, ocasionando as chamadas colisões.

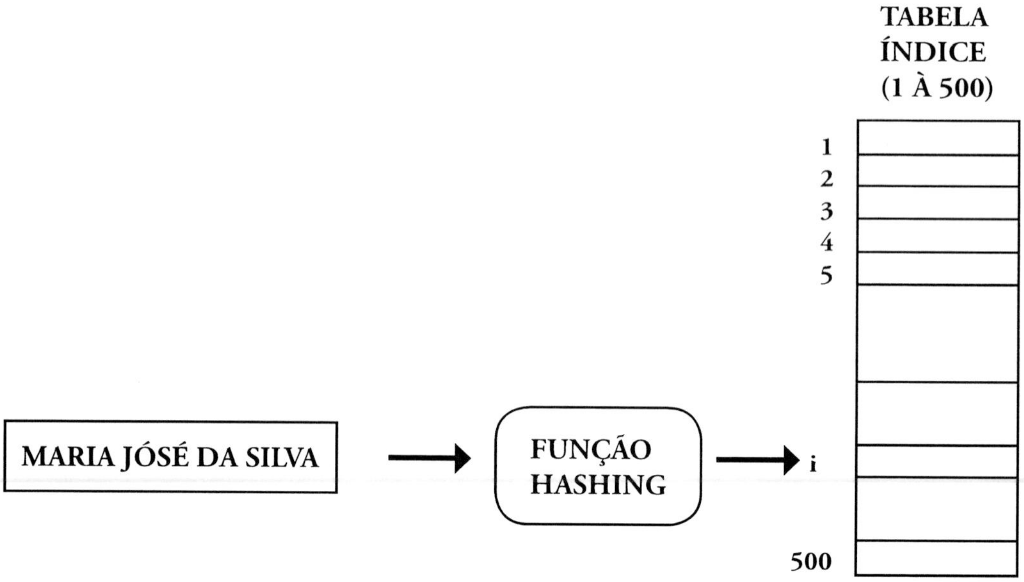

De uma maneira geral, uma boa função Hashing deve ter algumas características:

Ser fácil de calcular (rápida);

Deve minimizar a possibilidade de duas chaves diferentes levarem um mesmo endereço na tabela que armazena os dados, gerando a chamada colisão;

10.2.4.1 Fórmulas de calcular a função Hashing

1. Método da Divisão

No método da divisão para cálculo de endereços, utilizamos um mapeamento de **k** chaves em uma tabela de **m** posições. Para tanto, utiliza-se o resto de **k** por **m**.

Em geral, a função ***Hashing*** tem a seguinte fórmula: **h(k) = k % m.**

A experiência prática tem mostrado que existem alguns critérios mais apropriados para a escolha de m:
1) m não deve ser potência de 2;
2) m deve ser um número primo não próximo a uma potência de 2;
3) m não deve possuir divisores primos menores que 20.

CORMEN (2012, 192) exemplifica que para conter cerca de 2000 cadeias de caracteres, com a possibilidade de avaliar até 3 elementos em uma busca mal sucedida, uma tabela de espalhamento com valor m = 701 seria uma boa escolha porque este número primo possui um valor próximo de 2000 / 3 e não está próximo de nenhuma potência de 2, sendo a função hash ideal: **h(k) = k % 701.**

2. Método da Multiplicação

Segundo CORMEN(2012), "o método da multiplicação para criar funções Hash funciona em duas etapas. Primeiro multiplicamos a chave **k** por uma constante **A**, que estará entre 0 (zero) e 1 (um), ou seja, $0 < A < 1$ e em seguida, extraímos a parte fracionária de kA. Logo em seguida, multiplicamos esse valor por m e tomamos o piso do resultado".

Em matemática, a função **piso** converte um número real **X** no maior número inteiro menor ou igual a X, o que pode ser obtido pela função **int** do Python.

Em geral, a função é **h(k) = int (m * ((k*A) % 1))**, onde "**(k*A) % 1**" significa a parte fracionária de "**k*A**".

O método da multiplicação diminui o peso da escolha do valor da constante m, devendo, segundo CORMEN(2012,192), o seu valor deve ser uma potência de 2, onde o expoente será um inteiro **p** qualquer (**m =** $\mathbf{2^p}$) , isto é, **2** elevado à potência **p.**

Para quem quiser aprofundar o assunto, KNUTH(1973) traz sugestões úteis para a escolha dessas constantes.

Resolução do problema 1:

Em nosso problema 1, a empresa X, tem que construir uma função que mapeie o CPF em uma posição na tabela dos 500 funcionários. No método da Divisão, tem-se especial atenção para o valor de **m**. Se **m** for um múltiplo de 2, e o dividendo for par, haverá uma grande possibilidade de termos o resto da divisão, sendo igual a zero. Bons valores para **m** são números primos não muito próximos de potências de 2. Vejamos um código para o cálculo do Hashing:

PYTHON

```
CONSTANTE = 521
LIMITE = 500
nome = cpf = [""]*500
chave = [0]*500

def hashing (nomefun, cpffun):
   soma = 0
   for i in range(len(cpffun)):
      soma = soma + int(cpffun [i]) * i
   chave = soma % CONSTANTE
   return chave

def inserir (nomefun, cpffun, key):
   cpf [key]  = cpffun
   nome [key] = nomefun
```

```
def encaixar(nomefun, cpffun):
   key = hashing (nomefun, cpffun)
   if cpf [key] == "":
       inserir (nomefun, cpf,key)
   else:
       while (cpf [key] != "") and (key <= LIMITE-1):
           key = key + 1
   if (key <= LIMITE):
       inserir (nomefun, cpf,key)
       return True
   else:
       return False

# Programa Principal
print ("Digite a palavra <fim> para encerrar: ")
nomefun = ""
while nomefun != "fim":
   nomefun = input("Nome: ")
   if nomefun != "fim":
      cpffun = input("CPF: ")
      if encaixar (nomefun,cpffun):
         print ("Cadastro Ok")
      else:
         print ("Erro de Cadastro")
```

10.2.5 Comparação dos Métodos de Busca Apresentados

O critério mais importante na comparação dos métodos de busca é o número médio de comparações.

Na determinação do número médio de comparações (se VET(I) = PROCURADO então), calcula-se o número médio de comparações para encontrar cada elemento do vetor a ser pesquisado.

A Tabela 10.4, a seguir, compara os métodos de busca discutidos anteriormente (a variável N, que aparece nas fórmulas, refere-se à quantidade de elementos no vetor pesquisado):

Critério de Análise	Sequencial	Sequencial Ordenada	Binária	*Hashing*
Nº MÉDIO DE COMPARAÇÕES (PESQUISA BEM SUCEDIDA)	**(N+1)/2**	**(N+1)/2**	**LOG_2 N**	**O(1)**

Tabela 10.4 – Comparação dos Métodos de Busca

Conclusões:

- a busca binária possui desempenho melhor que os outros dois métodos;
- para a pesquisa bem sucedida, os métodos sequencial e sequencial ordenado possuem, praticamente, o

mesmo desempenho;

- a busca binária e a sequencial ordenada requerem um esforço adicional para classificar o vetor de pesquisa;
- para vetores pequenos, os três métodos iniciais assemelham-se; à medida que N cresce, as diferenças no número médio de comparações aumenta assustadoramente, conforme mostra a Tabela 10.5:

N (Nº de Elementos)	LOG_2N	(N + 1) / 2
2	1	1.5
4	2	2.5
8	3	4.5
1024	10	512.5

Tabela 10.5 – Número Médio de Comparações em função de N

Observe que quando N cresce, a diferença de tempo de computação aumenta significativamente, tornando alguns algoritmos proibitivos em termos de tempo.

Exercícios Propostos

P10.01 – Classifique a seguinte lista de valores usando o método da BOLHA: 85, 67, 3 e 12.
P10.02 – Classifique a lista de nomes que segue, usando a classificação por SELEÇÃO:
MARIA, ANTÔNIO, JOÃO e RICARDO.

P10.03 – Classifique os mesmos valores do problema P09.01, usando a classificação por inserção.

P10.04 – Mostre como fica, a cada passagem, o vetor VETOR1 quando submetido ao algoritmo da SELEÇÃO.

P10.05 – Faça uma análise comparativa, do ponto de vista de desempenho, dos 3 métodos de classificação apresentados.

P10.06 – Compare os 3 métodos de pesquisa citados.

P10.07 – Reescreva os 3 algoritmos de classificação de tal forma que passem a classificar na ordem decrescente, isto é, do maior elemento para o menor.

P10.08 – Pesquise, descreva e apresente os algoritmos de, pelo menos, mais dois outros métodos de classificação diferentes dos apresentados.

P10.09 – Assinale **V** (Verdadeiro) e **F** (Falso) para cada uma das afirmativas a seguir:

a. ( ) Os métodos de classificação estudados (bolha, seleção e inserção) são os mais eficientes disponíveis na atualidade.
b. ( ) O tempo de computação de um algoritmo de classificação é diretamente proporcional ao número de

elementos a classificar.

c. ( ) O método da Bolha é muito superior ao da Seleção para qualquer número de elementos a classificar.

d. ( ) Os requisitos de memória são muito semelhantes para os três métodos de classificação estudados.

e. ( ) A pesquisa binária depende de uma operação prévia de classificação sobre o vetor a ser usado como universo da pesquisa.

f. ( ) A busca sequencial ordenada é mais eficiente que a busca binária para qualquer situação.

g. ( ) Todo algoritmo de busca tem a sua eficiência dependente do tamanho do universo a ser pesquisado.

P10. 10 - (POSCOMP – 2009) Dado um conjunto C contendo *n* inteiros distintos, qual das seguintes estruturas de dados em memória principal permite construir um algoritmo para encontrar o valor máximo de C em tempo constante?

a. Um vetor não ordenado.
b. Um vetor ordenado.
c. Uma árvore binária de busca balanceada.
d. Uma lista encadeada simples ordenada em ordem crescente.
e. Uma árvore rubro-negra.

P10. 11 - (POSCOMP – 2009) Deseja-se efetuar uma busca para localizar uma certa chave fixa *x*, em uma tabela contendo *n* elementos. A busca considerada pode ser a linear ou binária. No primeiro caso pode-se considerar que a tabela esteja ordenada ou não. No segundo caso a tabela está, de forma óbvia, ordenada. Assinale a alternativa ***CORRETA:***

a. A busca binária sempre localiza *x*, efetuando menos comparações que a busca linear.
b. A busca linear ordenada sempre localiza *x*, efetuando menos comparações que a não ordenada.
c. A busca linear não ordenada sempre localiza *x*, com menos comparações que a ordenada.
d. A busca binária requer *O(*log *n)* comparações, no máximo, para localizar *x*.
e. A busca linear ordenada nunca requer mais do que *n/2* comparações para localizar *x*.

P10. 12 - (ENADE – 2005) No processo de pesquisa binária em um vetor ordenado, os números máximos de comparações necessárias para se determinar se um elemento faz parte de vetores com tamanhos 50, 1.000 e 300 são, respectivamente, iguais a:

a. 5, 100 e 30.
b. 6, 10 e 9.
c. 8, 31 e 18.
d. 10, 100 e 30.
e. 25, 500 e 150.

P10. 13 - (POSCOMP – 2009) A função PASCAL-*like* abaixo deve implementar o algoritmo de busca binária num vetor de inteiros *A,* com *N* elementos, ordenado crescentemente, onde o argumento *v* é a chave de busca.

```
function buscabinaria (v:integer);
var x, e, d : integer;
begin
    e :=1;
```

```
        d := N;
        repeat
             else e := x+1
        until ...........
        if v=A[x] then buscabinaria := x
       else buscabinaria := N+1
end;
```

Para que isso ocorra, o trecho pontilhado no corpo da função deve ser substituído por

a. (v=A[x]) **or** (e>d);
b. (v=A[x]) **and** (e>d);
c. (v=A[x]);
d. (e>d);
e. **not** ((v=A[x]) **or** (e>d));

P10. 14 – (CESGRANRIO/2006 – Petrobrás) - O seguinte algoritmo, chamado ordena, implementa um conhecido método de ordenação para listas sequenciais:

```
Ordena (int vet[], int n){
      int i,j,pos,aux;
      para (i =0; i < n – 1; i++ ){
       pos = i;
       para ( j = i + 1; j < n; j++ )
              se ( vet [pos] > vet [j] )
                     pos = j;
       se (pos != i) {
          aux = vet[i];
                  vet[i] = vet[pos];
          vet[pos] = aux;
       }
      }
}
```

Se o algoritmo for executado recebendo como parâmetros {5, 3, 1, 2, 4} e 5, quantas trocas são efetuadas e em que sentido é feita a ordenação (crescente ou decrescente)?

a. 5, crescente   b. 6, crescente   c. 9, crescente   d. 4, decrescente   e. 7, decrescente

P10. 15 – (COPEL – PUC/PR – Analista Suporte Técnico Jr. 2010) Suponha uma pesquisa binária executada em um conjunto de dados ordenados. Caso o número de registros do conjunto seja de 1024, o número máximo de comparações executadas será de:

a. 1024   b. 512   c. 9   d. 10   e. 11

P10. 16 – (CELEPAR – Analista Informática / Desenvolvimento de Sistemas Jr - 2009)

O seguinte algoritmo implementa um método de ordenação:

```
ordena (int vet [ ], int n) {
  int i, j, pos, aux;
  para ( i = 1 ate (n-1)) faça
     inicio
     pos = i;
    para ( j = (i + 1) ate n) faça
     inicio
         se (vet [pos] > vet [j] )
             pos = j;
             j = j + 1;
     fim-inicio
     se ( pos != i )
     {
         aux = vet[i];
         vet[i] = vet[pos];
         vet[pos] = aux;
     }
     i = i + 1
   fim-inicio
}
```

Assinale a alternativa que indica quantas vezes o trecho destacado do algoritmo será executado, se o algoritmo for executado recebendo como parâmetros {6, 5, 4, 3, 2, 1} e 6.

a. 0 b. 1 c. 3 d. 5 e. 6

P10. 17 – (TRENSURB/RS – 2010 /Analista de Sistemas) Um analista está estudando algoritmo de ordenação "selection sort", sendo que os dados são armazenados num *array* em Java. Nesse contexto, avalie as afirmações a seguir:

I. Durante a execução do *selection sort*, não se dobra o espaço de memória dos dados.
II. Para a execução da ordenação, é necessário que se defina uma comparação entre os elementos a serem ordenados, de forma que se possa saber se um elemento é maior que outro.
III. A ordem de complexidade do *selection sort* é O(1).

Assinale a alternativa correta.

a. apenas a afirmativa I está correta;
b. apenas a afirmativa II está correta;
c. apenas as afirmativas I e II estão corretas;
d. apenas as afirmativas II e III estão corretas;
e. todas as afirmativas estão corretas.

P10. 18 – (FCC / METRÔ-SP 2018 - Analista de Sistemas) O objetivo de fazer uma busca rápida a partir de uma chave de pesquisa simples e obter o valor desejado é alcançado pela estrutura de dados especial denominada:

a. array **b.** lista **c.** vetor **d.** árvore binária **e.** tabela de hashing

P10. 19 – Escolha 3 algoritmos de classificação diferentes para implementar na linguagem de programação de sua escolha, execute-os com uma mesma entrada, meça o tempo final de execução em cada um deles para vetores de entrada de tamanhos 100, 1000 e 10000 componentes. Analise os resultados medidos em função da complexidade conhecida de cada algoritmo.

P10. 20 – Com base na solução do *hashing* para o CPF do funcionário, seção 10.2.4, altere o código do exemplo para implementar um *hashing* com base no nome do funcionário. O capítulo 11 trará subsídios para esta solução.

Capítulo 11

Processamento de Cadeias

O futuro depende daquilo que fazemos no presente.
Mahatma Gandhi

11.1 Introdução

Uma cadeia ou *string* é qualquer combinação de brancos, letras, dígitos e/ou caracteres especiais. "Escola - * 01" é um exemplo de uma *string*. Dá-se o nome de substring ou subcadeia a um pedaço de uma outra cadeia. Por exemplo, "Es" é uma subcadeia da cadeia 'Escola - * 01". Toda cadeia possui um comprimento que é o número de caracteres existentes na mesma ('E S C O L A' é uma cadeia de comprimento 11).

Denomina-se de *string* vazia uma cadeia que não possui nenhum caractere. É denotada por dois limitadores de caracteres juntos, que denotam a string vazia, podendo ser duas aspas "" ou dois apóstrofos ' ', dependendo da linguagem a ser utilizada. A string vazia possui comprimento igual a 0 (zero).

Observação:
Cada linguagem de programação tem o seu próprio delimitador de cadeias, Na linguagem Python, por exemplo, utilizam-se as aspas "" ou o apóstrofo ('), por exemplo. Na linguagem C, usamos aspas simples (ou apostrofo) (') para especificar constantes com um único caractere, e as aspas duplas (") para constantes que especificam uma sucessão de caracteres.

11.2 Representação Interna de Cadeias

Internamente uma cadeia é representada por uma lista de caracteres que a compõe, sendo adicionado à mesma um caractere de controle ("\n") que indica a linguagem onde a cadeia termina. Esse caractere de controle não aparece em operações de entrada/saída e o seu tratamento é de inteira responsabilidade do ambiente da linguagem. Quem escreve o programa, em geral, não toma conhecimento do caractere de controle.

11.3 Operações sobre Cadeias

As linguagens de programação dispõem de ferramentas próprias para manipular cadeias. Por entendermos que todo programador que se preza necessita desenvolver habilidades no tratamento de cadeias ou *string*, vamos definir uma série de operações básicas sobre cadeias, simulando que elas não existem nas nossas linguagens e apresentando o código das funções que fazem o tratamento. Sugerimos a implementação e teste de todas as rotinas apresentadas.

Após essa experiência de projetista de linguagem de programação, apresentaremos algumas funções disponíveis nas linguagens Python.

11.3.1 Comprimento de uma Cadeia (COMPR)

Necessitamos de uma função que determine o comprimento de uma cadeia. Em nosso caso, a denominaremos de **COMPR**. O código da função **COMPR** é dado a seguir:

PYTHON

```
def COMPR (CADEIA):
    IND=0
    for i in CADEIA:
        IND=IND + 1
    return IND
```

Explicação: COMPR recebe como parâmetro uma "string" e devolve um número inteiro correspondente ao tamanho da mesma sem usar funções predefinidas.

11.3.2 Concatenação (CONCAT)

Função que permite fazer a junção de cadeias. A concatenação pode ser feita usando-se constantes literais ou variáveis.

Código:

PYTHON

```
def CONCAT ( CADEIA1,CADEIA2):
   AUX = CADEIA1
   TAM1 = COMPR(CADEIA1)
   TAM2 = COMPR(CADEIA2)
   for i in range(0,COMPR(CADEIA2)):
       AUX = AUX + CADEIA2 [i]
   return AUX

       OU

def CONCAT ( CADEIA1,CADEIA2):
    return CADEIA1 + CADEIA2
```

Retorna a junção dos 2 "strings". Exemplos:

1. NOME := concat ("MA","RIA") -> NOME será igual a "MARIA"

2. NOME1:="JOAO "

NOME2:="SILVA"

NOMETODO := concat (NOME1,NOME2)

Teremos NOMETODO com o conteúdo "JOAO SILVA".

A concatenação de uma cadeia com a "string" vazia tem como resultado a cadeia original.

Exemplos:

concat("xuxa","") retorna "xuxa"
concat("","xuxa") retorna "xuxa"

11.3.3 Subcadeia ou Substring (SUBCAD)

A função que determina uma "substring" de uma "string" será designada de **SUBCAD**. Eis o seu código:

PYTHON

```
def SUBCAD (CADEIA, COMECO, TAM):
   AUX = ""
   IND = COMECO
   while (IND<=COMPR(CADEIA)) and (TAM > 0):
      AUX = CONCAT(AUX,CADEIA [IND])
      IND = IND + 1
      TAM = TAM – 1
   return AUX

                  OU

SUBCAD = CADEIA[COMECO:COMECO+TAM]
```

Explicação: É feita a concatenação de todos os caracteres da posição COMECO até satisfazer TAM caracteres na SUBCADEIA a ser retornada.

11.3.4 Caracteres à Esquerda (ESQUERDA)

A função que determina uma "substring" de uma "string" a partir do lado esquerdo da original chama-se **ESQUERDA**. Vamos ao seu código:

PYTHON

```
def ESQUERDA(CADEIA,TAM):
   IND =1
   AUX = ""
   for i in CADEIA:
      if IND <= TAM:
         AUX = CONCAT(AUX, i)
         IND = IND + 1
      else:
         break
   return AUX
```

Explicação: É feita a concatenação de todos os caracteres da posição 1 (lado esquerdo) até satisfazer TAM caracteres na SUBCADEIA a ser retornada.

11.3.5 Caracteres à Direita (DIREITA)

A função que determina uma "substring" de uma "string" a partir do lado direito da original chama-se **DIREITA**. Vamos ao seu código:

PYTHON

```
def DIREITA(CADEIA, TAM):
    IND = COMPR(CADEIA);
    AUX = ""
    while ((IND >= 1) and (TAM > 0)):
        AUX = CONCAT(CADEIA[IND],AUX)
        IND = IND – 1
        TAM = TAM – 1
    return AUX
```

Explicação: É feita a concatenação de todos os caracteres a partir do lado direito (COMPR(CADEIA)) da cadeia até satisfazer TAM caracteres na SUBCADEIA a ser retornada.

11.3.6 Posição de uma Subcadeia Começando pela Esquerda (POS)

A função que determina a posição da primeira ocorrência de uma SUBCADEIA dentro de uma CADEIA será denominada **POS**.

PYTHON

```
def POS (SUBCADEIA,CADEIA):
   IND = 1
   POSICAO = -1
   TAM = COMPR (SUBCADEIA)
   TAMC = COMPR(CADEIA)
   while ((IND + TAM <= TAMC) and (TAM > 0))
          and POSICAO = 0)):
      if SUBCAD (CADEIA,IND,TAM) = SUBCADEIA then
         POSICAO := IND
      IND=IND+1
   return POSICAO
```

O site[1] de Python do IME (Instituto Militar de Engenharia) lista os métodos para trabalhar com strings:

Método	Parâmetros	Descrição	Exemplo
upper	nenhum	Retorna um string todo em maiúsculas	print ("oi".upper()) -> OI
lower	nenhum	Retorna um string todo em minúsculas	print ("OI".lower()) -> oi
capitalize	nenhum	Retorna um string com o primeiro caractere em maiúscula, e o resto em minúsculas	print("TUDO".capitalize() -> Tudo
strip	nenhum	Retorna um string removendo caracteres em branco do início e do fim	print(" Ola, Tudo ok ".strip())-> "Ola, Tudo ok"
lstrip	nenhum	Retorna um string removendo caracteres em branco do início	print(" Ola, Tudo ok". strip())-> "Ola, Tudo ok"
rstrip	nenhum	Retorna um string removendo caracteres em branco do fim	print("Ola, ".strip())-> "Ola,"
count	item	Retorna o número de ocorrências de item	"Ola, tudo bem".count("O") -> 1
replace	old, new	Substitui todas as ocorrências do substring old por new	"Ola, tudo bem". replace("Ola","Oi") -> "OI, tudo bem"
center	largura	Retorna um string centrado em um campo de tamanho largura	print("oi".rjust(6)) ->" oi "
ljust	largura	Retorna um string justificado à esquerda em um campo de tamanho largura	print("oi".rjust(6)) ->"oi "

[1] https://panda.ime.usp.br/pensepy/static/pensepy/08-Strings/strings.html#metodos-de-string

Método	Parâmetros	Descrição	Exemplo
rjust	largura	Retorna um string justificado à direita em um campo de tamanho largura	print("oi".rjust(5)) -> " oi"
find	item	Retorna o índice mais à esquerda onde o substring item é encontrado. Retorna -1, se não encontrar.	print ("Oi, tudo bem?". find("bem")) -> 9
rfind	item	Retorna o índice mais à direita onde o substring item é encontrado. Retorna -1, se não encontrar.	print ("Oi, tudo bem?". rfind("tudo")) -> 4
index	item	Como find, mas causa um erro em tempo de execução caso item não seja encontrado	print("Oi, tudo bem?". index("do")) -> 6
rindex	item	Como rfind, mas causa um erro em tempo de execução caso item não seja encontrado	print("Oi, tudo bem?". index("do")) -> 6

Exercícios Resolvidos

R11.01 – Escreva um algoritmo que lê uma frase pelo teclado e diz quantos caracteres foram digitados na mesma.

Explicação da solução: a função COMPR retorna o tamanho de uma cadeia de caracteres. Com o uso da mesma, a solução fica trivial.

PYTHON

```
def COMPR (CADEIA):
    IND=0
    for i in CADEIA:
        IND=IND + 1
    return IND

FRASE = input ("Digite uma frase: ")
print ("Voce digitou: ",COMPR(FRASE)," caracteres")
```

R11.02 – Escreva um algoritmo que recebe uma frase pelo teclado e discrimina quantas e quais são as vogais na mesma.

Explicação: percorrer a "string", fazendo a comparação para contar a ocorrência de cada vogal.

PYTHON

```
A = ["A","a"]
E = ["E","e"]
I = ["I","i"]
O = ["O", "o"]
U = ["U","u"]
NUMA=0
NUME =0
NUMI =0
NUMO =0
NUMU =0
FRASE = input("Digite uma frase: ")
for LETRA in FRASE:
    if LETRA in A:
        NUMA = NUMA+1
    elif LETRA in E:
        NUME = NUME+1
    elif LETRA in I:
        NUMI = NUMI+1
    elif LETRA in O:
        NUMO = NUMO+1
    elif LETRA in U:
        NUMU = NUMU+1
print("NUMERO DE LETRAS A: ",NUMA)
print("NUMERO DE LETRAS E: ",NUME)
print("NUMERO DE LETRAS I: ",NUMI)
print("NUMERO DE LETRAS O: ",NUMO)
print("NUMERO DE LETRAS U: ",NUMU)
print("TOTAL DE VOGAIS: ", NUMA +NUME +
        NUMI + NUMO+ NUMU)
```

R11.03 – Escreva um algoritmo que recebe um nome pelo teclado e o converte no formato bibliográfico.

Exemplo:
Jorge Amado -> Amado, Jorge

Explicação da solução: a cadeia deve ser percorrida da direita para a esquerda.

O primeiro caractere em branco encontrado indica uma separação entre o nome e o sobrenome. Esta posição do "branco" é a chave para resolver o problema.

Desta posição até o fim da cadeia, tem-se o sobrenome. A partir do início da cadeia até a posição do "branco" decrescida de 1, tem-se o primeiro nome. Observe que, nesta solução, a existência de "brancos" à direita, inviabiliza a mesma.

PYTHON

```
#Formato Bibliografico

NOME = input ("Digite um nome: " )
TAM = COMPR(NOME)
IND = TAM
while (IND > 1) and (SUBCAD(NOME,IND,1) != " "):
        IND = IND - 1

if (TAM > 0) and (IND > 0):
     INVERTIDO = CONCAT(SUBCAD(NOME ,
                              IND+1,TAMIND),",")
     INVERTIDO = CONCAT(INVERTIDO,SUBCAD
                              (NOME,1,IND-1));
     print('O nome invertido: ',INVERTIDO)
```

Observação:

- As rotinas que desenvolvemos ao longo do capítulo sobre as funções para tratamento de cadeias ou *strings* servem para mostrar a lógica desse tipo de rotina, porem devemos dar preferência às rotinas padrão da linguagem que estão sendo descritas a seguir, por questões de desempenho, legibilidade e portabilidade. Caso seja necessário alguma implementação que a linguagem não ofereça, então deve–se desenvolver a sua própria codificação e nesse sentido, são úteis as funções que demonstramos anteriormente.

Exercícios Propostos

P11.01 – Escreva um algoritmo que recebe uma cadeia do teclado e a exibe invertida.
Exemplo:

Entrada: ATINOB E AIRAM
Saída..: MARIA E BONITA

P11.02 – Escreva um algoritmo que gera todas as combinações possíveis utilizando as letras "A", "B", "C" e "O".

P11.03 – Escreva um procedimento INSERE(STRING, VAR_STRING, POSICAO) que insere STRING em VAR_STRING começando pela posição inicial POSICAO.
Por exemplo:

MSG := "MARINA"

INSERE("GAR",MSG,4) -> MSG = "MARGARINA"

P11.04 – Escreva um procedimento DELETA(VAR_STRING,POSICAO, TAM) que remove um número de caracteres igual a TAM de VAR_STRING, começando pela posição inicial POSICAO. Por exemplo:

MSG := "DUVIDO,PENSO,EXISTO"
DELETA(MSG,1,7) -> MSG = "PENSO,EXISTO"

P11.05 – Escreva uma função DPOS(SUBSTRING,STRING) que retorna a posição de SUBSTRING dentro de STRING, porém a busca é feita começando pelo lado direito da STRING. Em outras palavras é a função que faz a mesma coisa que **POS**, levando em conta a primeira ocorrência do fim para o começo da STRING.

P11.06 – Escreva uma função que elimina brancos à esquerda de uma "string".

P11.07 – Escreva uma função semelhante à anterior que elimina brancos à direita.

P11.08 – Escreva uma função que elimina brancos de ambos os lados de uma cadeia.

P11.09 – Reescreva o exercício R11.03 de tal forma que ele seja imune à existência de brancos à direita do nome a ser digitado.

P11.10 – Escreva um algoritmo que a partir da digitação do infinitivo de um verbo regular, faça a conjugação do mesmo para as pessoas do singular e plural.

Exemplo:

Verbo: Cantar	Saída:	Eu canto
		Tu cantas
		Ele canta
		Nós cantamos
		Vós Cantais
		Eles Cantam

P11.11 – Escreva um algoritmo que conte a frequência de uso de cada palavra em uma frase digitada pelo teclado.

Exemplo:

Frase: MARIA VIU MARIA CRISTINA

Saída: PALAVRA	FREQUÊNCIA
MARIA	2
VIU	1
CRISTINA	1

P11.12 – A criptografia consiste na transformação de uma cadeia de caracteres de entrada em uma outra de saída, utilizando um algoritmo que visa dificultar o acesso à informação original. São aplicações típicas para uso da criptografia: senhas de acesso a sistemas, dados transmitidos via redes de comunicação etc.

Escreva uma função que faça a criptografia de uma cadeia recebida como parâmetro, retornando uma outra codificada.

Exemplo:

Entrada: O DEPARTAMENTO DE
Saída.: *+)\P=-7=@\&7*+)\

P11.13 – Escreva uma função que retorna o número de vezes que uma subcadeia aparece em uma cadeia.

P11.14 – Gere uma função que retorna uma cadeia preenchida com o caractere espaço. A quantidade de espaços deverá ser passada como parâmetro.

Ativação: ESPAÇO(6)
Retorno: "   "

P11.15 – Assinale **V** (Verdadeiro) e **F** (Falso) para cada uma das afirmativas a seguir:

a. (   ) Todo *string* possui um tamanho finito.
b. (   ) É sempre possível determinar o comprimento de uma cadeia de caracteres.
c. (   ) A maioria das operações sobre cadeias depende da função de comprimento.
d. (   ) Todas as linguagens de programação dispõem de um conjunto de funções para tratamento de cadeias.
e. (   ) Cada programador pode desenvolver o seu próprio conjunto de funções para tratamento de cadeias.
f. (   ) As funções de criptografia têm muita importância na atualidade.
g. (   ) A variável RETORNO = ESQUERDA(DIREITA ("ALUNO",2),1) terá o valor final "N".

P11.16 – Escreva um programa que implementa o comportamento de um autômato finito determinístico na computação de uma "STRING" de entrada que é composta pelas letras "a" e "b" , e cujo número de "b"s é par. O autômato em questão é representado pelas figuras abaixo:

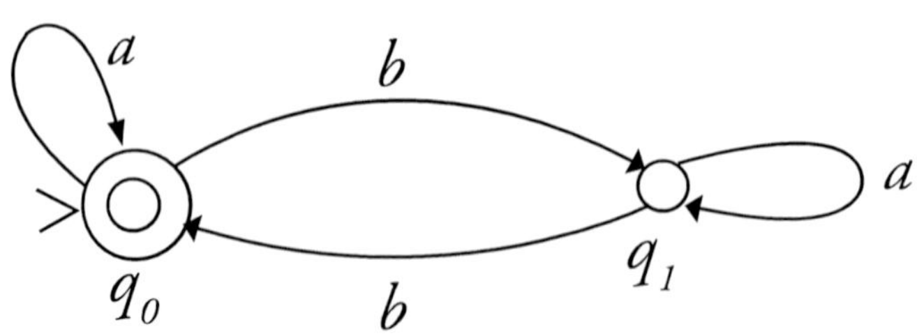

String de entrada

a	b	b	b	a	a	b

Observação: Para maiores informações sobre Autômatos, consulte um livro de teoria da computação.

P11.17 – Escreva um programa que implementa um índice remissivo para um conjunto de 20 frases digitadas pelo teclado. Para cada uma das frases, o programa deve identificar e separar cada uma das palavras, gerando um relatório em ordem alfabética das palavras no qual são indicados os números das linhas das quais elas fazem parte.

Palavras repetidas na mesma linha não devem ser consideradas

Supondo que o nosso programa fosse processar as quatros linhas do enunciado acima, uma saída correta seria:

Palavra	Linha(s)
alfabética	3
as	3
cada	2
conjunto	1
das	2, 3
de	1
deve	2
separar	2

P11.18 - O que é impresso pelos seguintes comandos:

```
A = "bola"
S = ""
for item in A:
    aux = item.upper() + aux
print (aux)
```

a) Bola b) Alob c) bOLA d) bola e) ALOB

Capítulo 12

Tratamento de Arquivos

Aprender é a única coisa de que a mente nunca se cansa,
nunca tem medo e nunca se arrepende.

Leonardo da Vinci

Do ponto de vista didático é importante estabelecermos um conceito muito mais genérico no tratamento de arquivos: o de *Stream* (fluxo). Um *stream* é uma sequência ordenada de dados com uma fonte e um destino bem definidos, conforme mostra a Figura 12.1:

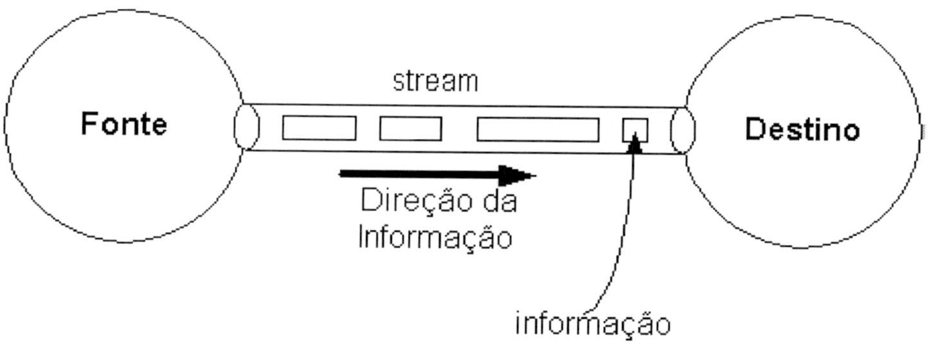

Figura 12.1: Um *Stream* – Fonte: Criação própria

O que é importante ressaltar sobre o *stream* é que o acesso aos dados é necessariamente feito de forma sequencial, não sendo possível o acesso fora dessa maneira. Se existirem N pedaços de informação num stream, cada porção será acessada sequencialmente, uma de cada vez.

O conceito de *stream* é importante pois permite acessar vários tipos de "depósitos de dados", tais como:

- Arquivos
- Conexões de rede
- Dispositivos diversos: teclado, tela, impressora, fita de backup, câmera de vídeo etc.

O objetivo maior deste capítulo é ensinar como acessar e manipular depósitos de dados chamados "arquivos". De um jeito mais formal, podemos entender por arquivo uma coleção de dados, onde os mesmos possuem alguma relação entre si. Por exemplo, o conjunto de dados sobre os alunos de uma escola. Dentre estes dados sobre os alunos, temos:

- MATRÍCULA (numérica);
- NOME (cadeia);
- ENDEREÇO (cadeia);
- MÉDIA ANUAL (numérica).

Cada conjunto de dados sobre um determinado aluno recebe o nome de registro. Note-se que um registro é composto por tipos de dados diferentes. Cada dado que compõe o registro (MATRÍCULA, NOME etc.) é dito ser um campo.

A Figura 12.2, a seguir, ilustra a relação existente entre campo, registro e arquivo:

C1 = Campo-1
C2 = Campo-2
. . .
Cn = Campo-n

Figura 12.1: Registro com n campos

Um arquivo necessita de um meio de armazenamento que sirva de suporte para seus dados. Os suportes mais comuns para os arquivos são os discos os rígidos, fitas magnéticas, *pendrives*, dentre outros dispositivos de armazenamento disponíveis.

Esses arquivos podem ser de alguns tipos diferentes: sequencial, indexado e relativo, por exemplo. Essa diferenciação em tipos, está associada a algumas restrições quanto ao acesso aos dados guardados nesses arquivos.

Por questões didáticas, trataremos apenas com arquivos de organização sequencial. Um arquivo sequencial é aquele cujo acesso aos seus dados só pode ser feito de forma sequencial, isto é, um registro de ordem **N** está localizado após um outro de ordem **N-1** e antecede um de ordem **N+1**.

12.1 Manipulação de Arquivos de Texto

Arquivos de texto são muito úteis para permitir a integração entre sistemas, o acesso de dados na Internet, a busca de informações em arquivos de texto e a manipulação de arquivos de configuração. Esse tipo de arquivo nada mais é do que uma sequência de linhas que contém um conjunto de caracteres estruturados em linha, sem nenhuma formatação adicional. Cada uma dessas linhas é finalizada com um caractere que sinaliza o fim da linha, o ***Newline***, que nas linguagens é denotado por "**\n**", o que aponta que uma linha está sendo encerrada e outra vai ser iniciada.

Um arquivo antes de ser usado precisa ser declarado. Essa declaração cria uma associação entre os dados gravados no dispositivo físico e o arquivo lógico existente dentro do programa. A primeira operação a ser feita em um arquivo é a sua abertura e a última é o seu fechamento.

Na linguagem **Python**, para fazermos a manipulação de um arquivo texto, usaremos os seguintes métodos em seus formatos gerais:

Nome Método	Exemplo	Explicação
open	arq =**open**("arquivo",'r')	Abre um arquivo chamado **arquivo** no modo leitura. Retorna uma referência de arquivo para um objeto chamado **arq**.
open	arq =**open**("arquivo",'w')	Abre um arquivo chamado **arquivo** para **gravação**. Retorna uma referência para um objeto *file* chamado **arq**. Abrir para **gravação** destrói o conteúdo existente do arquivo.
open	arq =**open**("arquivo",'a')	Abre um **arquivo** para **atualização**. Retorna uma referência para um objeto *file* chamado **arq**. Abrir para **atualização não** destrói o conteúdo existente do arquivo.
close	arq.**close**()	Encerra (fecha) a Utilização do arquivo referenciado pela variável **arq**.
write	arq.**write** (**cad**)	Grava a cadeia de caracteres **cad** no arquivo referenciado por **arq**, que deve ter sido aberto para gravação ("w").
read	arq.**read**(n)	Faz a leitura de n caracteres no arquivo referenciado por **arq**. Se **n** não for informado, lê todo o arquivo e atribui a uma string.
readline	arq.**readline**(n)	Faz a leitura da próxima linha do arquivo referenciado por **arq**. Se **n** for informado, retorna os próximos **n** caracteres da linha.
readlines	arq.**readlines(n)**	Faz a leitura do arquivo **arq** todo e atribui a uma lista. Se **n** for especificado, lê **n** caracteres do arquivo até totalizar n caracteres ou chegue ao fim arquivo.

* EXEMPLO 1: Gravando um arquivo de Texto

PYTHON

```
arq= open('arquivo', 'w')

entrada = input("Digite Linha: * p/ fim: ")
while (entrada != '*'):
   arq.write(entrada)
   entrada = input("Digite Linha: * p/fim: ")

arq.close()
```

* EXEMPLO 2: Lendo arquivo texto gravado anteriormente

PYTHON

```
arq= open("arquivo", "r")

linha = arq.readline()
while linha:
    print(linha)
    linha = arq.readline()

arq.close()
```

12.2 Manipulação de Arquivos CSV

Arquivos CSVs são arquivos de texto gravados com a vírgula como elemento de separação entre os campos, sendo muito úteis para realizar a integração entre sistemas diferentes para analisar resultados. As planilhas eletrônicas permitem uma gravação no padrão CSV para viabilizar a portabilidade de informação, Por exemplo, um arquivo CSV pode ser visto a seguir:

ALUNO, NOTA1,NOTA2,MEDIA
Ana Maria,10,7, 8.5
João Carlos,7,7,7
Pedro Carlos,8,7,7.5

PYTHON

```
import csv

arq =with  open('dados.csv')
for linha in arq:
    print (linha)
```

A saída será exatamente igual ao arquivo de entrada:

ALUNO, NOTA1,NOTA2,MEDIA
Ana Maria,10,7, 8.5
João Carlos,7,7,7
Pedro Carlos,8,7,7.5

Exercícios Resolvidos

PYTHON

```
import os
if os.path.isfile(" Cadastro.arq"):
  arq = open(" Cadastro.arq","r")
  arq.close()
else:
print ("Cadastro.arq não existe!")
```

R12.01 - Escreva um algoritmo que abra um arquivo, verifique se o arquivo foi aberto com sucesso, dê uma mensagem de que ele existe e o feche em seguida.

R12.02 - Escreva um algoritmo que cadastre os dados dos 5 funcionários de uma empresa, gravando-os em um arquivo com os seguintes campos:

MATRICULA, NOME , ENDEREÇO e SEXO.

PYTHON

```
arq= open("empresafun.csv", "w")

arq.write("MATRICULA, NOME , ENDEREÇO,SEXO")
print ("Digite os dados dos 5 Funcionários: ")
for i in range(6):
    matric = input("Digite matrícula: ")
    nome = input("Nome: ")
    enderec = input("Digite endereço: ")
    sexo = input("Digite Sexo: ")
    registro = matric + "," + nome + "," + enderec + "," + sexo + "\n"
   arq.write(registro)

arq.close()
```

Observação: Use o arquivo do exercício **R12.02** para responder as questões **R12.03**, **R12.04** e **R12.05**.

R12.03 - Escreva um algoritmo que conta o número de registros de um arquivo.

Explicação da solução: O arquivo deve ser aberto, acessado o primeiro registro e enquanto não for o FIM do mesmo, deve ser contado mais um registro. Ao final do processamento, informa-se o número de registros.

PYTHON
arq = ("empresafun.csv","r") cont = 0 for i in arq: cont = cont + 1 arq.close() print ("Cadastro tem ", cont, registros) OU **arq = open(**" empresafun.csv","r") print ("Cadastro.arq tem ", len(arq.readlines()))

R12.04 - Escreva um algoritmo que seleciona todos os funcionários que são do sexo masculino (SEXO = "M").

Explicação da solução: Deve-se acessar todos os registros e selecionar aqueles que são do sexo masculino (M).

PYTHON

arq = ("empresafun.csv","r")
cont = 0
for i in arq:
    if i.index(",M") > 0:
        print (i)
        cont = cont + 1
print ("O total de funcionários do sexo Masculino: ", cont)

R12.05 - Escreva um algoritmo que compara 2 arquivos que estão na mesma ordem, determinando se os dois são iguais ou não.

Registro: MATRICULA, NOME , ENDEREÇO e SEXO.

Explicação da solução: Faz-se o processamento dos 2 arquivos até o FIM e se pelo menos um registro for diferente, faz-se o "flag" IGUAL receber valor lógico falso, o que força a saída do enquanto. Após a saída do enquanto, que pode ser pela ocorrência do FIM de um ou dos dois arquivos ou pelo fato de ter sido achado um registro diferente, verifica-se a variável IGUAL para ser dada a mensagem apropriada.

PYTHON

```
arq1 = ("empresafun.csv","r")
arq2 = ("empresafun2.csv","r")
igual = true
cont = 0
linha2 = "*"
linha1 = arq1.readline()
while (linha1 and igual and linha2):
  linha2 = arq2.readline()
  if linha1 != linha2:
    igual = false
  linha1 = arq1.readline()

arq1.close()
arq2.close()
if igual:
  print ("Os arquivos são iguais.")
else:
  print ("Os arquivos são diferentes.")
```

R12.06 - Escreva um algoritmo que apague um arquivo qualquer.

Explicação da solução: O programa deve apagar um arquivo existente no disco.

PYTHON

```
import os
arq = input ("Digite o caminho e nome arquivo: ")
## Testa se arquivo existe e deleta ##
if os.path.isfile(arq):
   os.remove(arq)
else:   ## Erro! ##
   print("Erro: arquivo não existe: ", arq)
```

R12.07 - Escreva um algoritmo que verifica a existência de um arquivo com uma função, diferentemente do exercício resolvido **R12.01**. apague um arquivo qualquer.

Explicação da solução: O programa chama a função que testa se o arquivo existe.

PYTHON

def existearq (nomedoarquivo)
  try:
    f = open(nomedoarquivo)
    f.close()
    return 1
  except:
    return 0
 	
## Testa se arquivo existe ## 	
arq = input ("Digite o caminho e nome arquivo: ")
 	
if existearq(arq) == 1:
  print("Arquivo ", arq, " existe! ")
else: ## Erro! ##
  print("Erro: arquivo ", arq, " não existe! ")

Exercícios Propostos

P12.01 – (FGV - 2018 - AL-RO - Analista Legislativo - Tecnologia da Informação - Análise e Desenvolvimento de Sistemas)

Assinale o código Python que cria um novo arquivo, contendo uma linha.

a)

```
f = open("teste.txt","w")
f.write("Linha de teste\n")
f.close()
```

b)

```
f = new file
f.open("teste.txt")
f.write("Linha de teste" + "\n")
f.quit()
```

c)

```
f = create_file("teste.txt")
write(f, "Linha de teste" + "\n")
close(f)
```

d)

```
f = system.file.io("teste.txt","output")
write(f, "Linha de teste\n")
quit(f)
```

e)

```
f = textfile.new("teste")
f.write("Linha de teste" + "\n")
f.save()
```

P12.02 - Elabore um programa que copie o arquivo ALUNOS (veja exemplos) em um outro chamado ALUNOS2.

P12.03 - Elabore um programa que concatena (junta) dois arquivos com o mesmo "layout" em um terceiro.

P12.04 - Escreva um programa que compara 3 arquivos, informando ao final se os mesmos são iguais ou não e quantos registros são diferentes.

P12.05 - Construa um programa que seleciona de um arquivo, gravando em outro, todos os registros cujo campo salário é maior que R$ 5.000,00.

REGISTRO: MATRICULA,NOME,SALARIO

P12.06 -Escreva um programa que lê pelo teclado matrícula, nome, endereço e salário, gravando os dados lidos em um arquivo chamado FUNCIONA. O endereço dos dados é determinado pela matrícula igual a 0 (zero).

P12.07 - Escreva um programa que procura por uma matrícula, informada pelo teclado, dentro do arquivo definido no problema P10.04. Se for encontrada a matrícula desejada, devem ser exibidos o nome e o salário correspondentes à mesma.

P12.08 - Escreva um programa de quebra para a companhia VENDE TUDO que faça totalizações por vendedor e por produto. O arquivo está ordenado por vendedor e por produto.

FORMATO DOS DADOS:

VENDEDOR,PRODUTO,VALOR

Exemplo de arquivo:

VENDEDOR,PRODUTO,V A L O R
001,00001,600000,00
001, 00001, 100000,00
001, 00050, 200000,00
002, 00002, 500000,00
010, 00001, 150000,00

SAÍDA:

COMPANHIA VENDE TUDO
RELATORIO MENSAL DE VENDAS

VENDEDOR	**PRODUTO**	**V A L O R**
001		
	00001	700.000,00
	00050	200.000,00
Total :...		900.000,00
002		
	00002	500.000,00
Total :...		500.000,00
010		
	00001	150.000,00
Total :...		150.000,00

Total geral das vendas :.................. 1.550.000,00

P12.09 - Escreva um procedimento que, a partir do begin de um arquivo, apresente um determinado número de registros.

Arquivo MÓVEIS – Registro [2] - DESCRIÇÃO - cadeia [30]

Exemplo de Conteúdo:

REGISTRO	**DESCRIÇÃO**
01	Cadeira giratória
02	Mesa Redonda
03	Cadeira presidente
04	Bebedouro
05	Estante de aço

Ativação Procedimento: COMECO(MÓVEIS,2)
Saída:
Cadeira giratória
Mesa Redonda

P12.10-Escreva um procedimento semelhante ao do problema P10.08, que faça a exibição dos registros do arquivo MÓVEIS a partir de um determinado registro do mesmo, apresentando uma quantidade solicitada.

Ativação: EXTRAIR(MOVEIS,4,2)

Saída:

Bebedouro
Estante de aço

P12.11 - Produza um procedimento que exiba os registros de um arquivo com exceção dos pertencentes a um intervalo dado.

Ativação: OMITIR (MOVEIS, 2,4)

Saída:

Cadeira giratória
Estante de aço

P12. 12 - Modifique o procedimento OMITIR (P10.10) para gerar um arquivo de saída sem os registros a serem removidos.

P12. 13 - Fazer um procedimento que apresente na tela os registros de um arquivo que possuem uma palavra pesquisada.

Ativação: BUSCAR (MOVEIS, "Cadeira")

Saída:

01: Cadeira giratória
03: Cadeira presidente

P12. 14 - Escreva um procedimento que criptografa um arquivo de entrada em um outro de saída.

Ativação: CRIPTO (MOVEIS, MOVEIS.CIFRADO)

P12.15 – Escreva um programa Python que lê e imprime um arquivo CVS (Valor Separado por Vírgulas), que foi gerado a partir de uma planilha do Excel com o seguinte conteúdo:

	A	B	C	D
1	ALUNO	NOTA1	NOTA2	MÉDIA
2	Ana Almeida	8,0	9,0	8,5
3	César Paiva	9,0	9,0	9,0
4	João Pererira	7,0	7,0	7,0
5	Maria Pessoa	8,0	5,0	6,5

Capítulo 13

Mais Tipos de Dados

Não encontre defeitos. Encontre soluções. Qualquer um sabe queixar-se.

Henry Ford

Os tipos de dados conhecidos até este ponto são os que, normalmente, encontramos em todas as linguagens de programação: str (cadeia), int (inteiro), float (real) e os vetores e matrizes, que foram simulados de forma básica em listas. Além desses, existem mais alguns que são derivados dos anteriores que são a tupla, o dicionário, o conjunto e até mesmo a lista, que podemos conhecer mais detalhadamente.

Em suma, as listas são tipos de dados denominados **compostos** ou **derivados**, que são criados a partir dos tipos de dados primitivos para modelar (simular) objetos do mundo real nos computadores. Destaque-se que em Python as listas são dinâmicas e mutáveis. Vamos conhecer um pouco mais sobre eles:

13.1 Listas

Dentre essas coisas copiadas do mundo aqui de fora, as listas são as mais importantes. Entenda-se por lista uma coleção ordenada de componentes. Vejamos exemplos de listas:

- Vogais: [a, e, i, o, u);
- Meses do ano: ("Janeiro", "Fevereiro", "Março", "Abril", "Maio", "Junho",
- "Julho", "Agosto", "Setembro", "Outubro", "Novembro", "Dezembro"];
- Copas do mundo que o Brasil ganhou: [1958, 1962, 1970, 1994, 2002];
- Professores de Informática: ["Cândido", "João","Nilton", "Paiva"];
- Lista orientandos de cada professor: [["Zé", "Lia"],[], ["Pedro"], ["Suzy", "Daniel"]]

Matematicamente podemos considerar uma lista como um conjunto qualquer de coisas que pode ser denotado por:

L = [l_1, l_2, l_3, ..., l_n], onde $\mathbf{l}_i$ é um elemento da lista L, tendo $_i$ como seu índice de acesso ou identificação posicional.

13.1.1 Representações internas de uma Lista

Internamente, uma lista pode ser representada, basicamente, de duas formas:

a. Representação Sequencial – é a mais comum, usa um vetor onde associamos o elemento $\mathbf{l}_i$ da lista ao componente de índice **i** do mesmo. Para cada componente $\mathbf{l}_i$, temos que o seu sucessor, $\mathbf{l}_{i+1}$, está armazenado na posição **i+1** e o seu antecessor ($\mathbf{l}_{i-1}$), em **i-1**.

A lista VOGAL com 5 componentes, representando a lista de vogais:

A	e	I	o	u
(0)	**(1)**	**(2)**	**(3)**	**(4)**

Note que a regra básica da alocação sequencial é respeitada, estando o sucessor da vogal **e**, que é a vogal **i**, na posição **2** (**i** + **1**) e o seu antecessor, que é a vogal **a**, na posição 0 (**i**–1).

b. Representação Encadeada – é a segunda forma de representação de uma lista. Consiste em estabelecer um elo (meio de ligação ou ponteiro ou apontador) entre um elemento da lista e o seu sucessor.

Diferentemente da alocação sequencial, no encadeamento, não há uma regra fixa de posicionamento dos elementos pertencentes à lista: quem vai determinar a sequência entre os elementos são os apontadores ou ponteiros. Em uma lista encadeada, existem dois conjuntos claramente distintos: os dados propriamente ditos e os ponteiros que são os mecanismos de conexão entre os elementos da lista. Vejamos um exemplo usando a lista das vogais representada por vetores

VOGAL

a	u	i	e	O
0	1	2	3	4

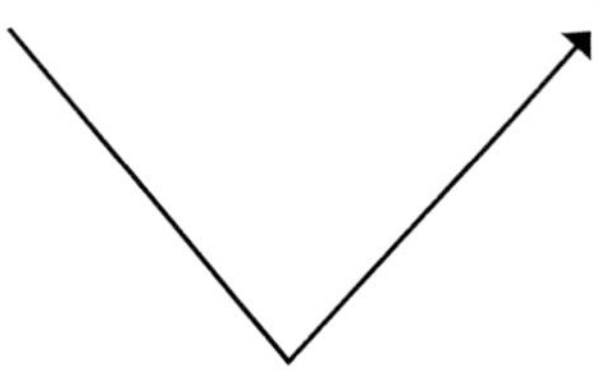

Apontamento lógico do sucessor de **a**

APONTADORES

3	0	4	2	1
0	1	2	3	4

Observe que cada VOGAL possui no vetor de APONTADORES um número que indica o índice do seu sucessor na lista. Por exemplo, a vogal **a, na posição 0,** aponta para a vogal **e,** que está na posição 3. Observe que a letra **U** não aponta para ninguém por não possuir sucessor, diz-se então que o seu apontador é nulo, sendo representado por **0** (zero). O primeiro elemento da lista, a vogal **a** está ocupando o componente de índice **0** da lista VOGAIS, é dito ser a **cabeça da lista.** Essa estrutura mista de dados e apontadores cria uma sequência lógica diferente da sequência física.

A linguagem Python dispõe de vários métodos próprios para lidar com listas. Vamos analisar a ação de alguns desses métodos sobre uma lista chamada **NUMEROS = [1, 2, 3]** e as consequências da invocação desses métodos sobre o mesmo:

Método	Finalidade	Exemplo	Resultado /Explicação
append	Adiciona elemento no fim do array	NUMEROS.append(5)	NUMEROS fica [1,2,3,5]
count	Conta a ocorrência de um elemento	NUMEROS.count(2)	Retorna 1
index	Retorna o índice de um elemento específico	NUMEROS.index(3)	Retorna 2
insert	Insere um elemento em uma determinada posição	NUMEROS.insert(1,6)	NUMEROS fica [1,6,2,3,5]
pop	Remove um determinado elemento	NUMEROS.pop(3)	NUMEROS fica [1,6,2,5]
sort	Classifica a lista	NUMEROS.sort()	NUMEROS fica [1,2,5,6]
reverse	Inverte a ordem dos elementos	NUMEROS.reverse()	NUMEROS fica [6,5,2,1]
remove	Remove o primeiro elemento com um valor específico	NUMEROS.remove(2)	NUMEROS fica [6,5,1]
clear	Remove todos os elementos	NUMEROS.clear()	NUMEROS fica [ ]

Observe que uma lista pode ter seu conteúdo alterado de forma livre pelo programador. Cada um desses métodos já são ofertados ao programador para facilitar o desenvolvimento de programas que manipulam as listas.

13.1.2 Operações sobre Listas e suas implementações

As principais operações que podem ser realizadas sobre uma lista são:

OP1: Inserir um novo elemento em qualquer lugar da lista;
OP2: Remover um elemento de qualquer lugar da lista;
OP3: Alterar o(s) valor(es) de qualquer componente da lista;
OP4: Conhecer o(s) valor(es) de qualquer componente da lista.

Do ponto de vista da alocação sequencial, das 4 operações anteriores, as que vão requerer um maior esforço são as 2 primeiras. Esse trabalho adicional é devido ao fato de termos que rearrumar a lista após inserções ou remoções para que seja preservado o ordenamento sequencial.

Na representação encadeada, consegue-se realizar inserções e remoções sem necessitar rearrumar os elementos restantes. OP3 e OP4 são operações simples em qualquer uma das representações.

Suponha que você precisasse desenvolver métodos que realizassem essas operações sobre listas. Como faria? Os exercícios resolvidos a seguir ajudam a refletir e responder este questionamento:

Exercícios Resolvidos

R13.01 – Produza o procedimento INSERESEQ que faz a inserção em uma lista sequencial.

Parâmetros a serem usados:
LISTA – Lista que vai receber a inserção;
FIM – Último elemento inserido no vetor LISTA;
LIMITE – Tamanho máximo do vetor LISTA;
POSICAO – Local, dentro do vetor, onde será inserido o novo ELEMENTO;
ELEMENTO – Novo componente a ser inserido.

PYTHON

```
def INSERESEQ (LISTA, FIM,  LIMITE, POSICAO, ELEMENTO):
   if FIM > LIMITE:
        TRATAESTOURO
   elseif  FIM >=0:
        for i in range(FIM,POSICAO):
             LISTA [i+1] = LISTA [i]
             LISTA [POSICAO] = ELEMENTO
             FIM = FIM + 1
   else:
             LISTA [0] = ELEMENTO
             FIM = 0
```

OU

```
LISTA.append(ELEMENTO)
```

R13.02 – Escreva o procedimento REMOVESEQ que faz a remoção em uma lista sequencial.

Parâmetros a serem usados:
LISTA – Lista que vai receber a remoção;
FIM – Último elemento inserido no vetor LISTA;
POSICAO – local onde será removido o elemento.

PYTHON

```
def  REMOVESEQ (LISTA, FIM,POSICÃO):
   if FIM < 0:
        TRATAVAZIA
   else:
         for I in range(POSICAO,FIM)
              LISTA [I] = LISTA [I+1]
              FIM = FIM – 1
```

OU

```
LISTA.remove(ELEMENTO)
```

R13.03 – Escreva o procedimento INSEREENC que faz a inserção em uma lista encadeada após o elemento localizado em POSICAO.

Parâmetros a serem usados:

LISTA – Lista que vai receber a inserção;
APONTA – Vetor de apontadores;
CABECA – Apontador para o início da lista;
FIM – Último elemento inserido no vetor LISTA;
LIMITE – Tamanho máximo do vetor LISTA;
POSICAO – Antecessor do novo elemento a ser inserido;
ELEMENTO – Novo componente a ser inserido.

PYTHON

```
def INSEREENC (LISTA, APONTA, CABECA, FIM, LIMITE, POSICAO,ELEMENTO):
    if FIM > LIMITE:
        TRATAESTOURO
    else:
        if FIM == 0:
            CABECA = 1
            LISTA [CABECA] = ELEMENTO
            APONTA [CABECA] = 0
            FIM = FIM + 1
        else:
            PTRANT = CABECA
            PTR = APONTA [CABECA]
            while (PTR != POSICAO):
                    PTRANT = PTR
                    PTR = APONTA [PTR]
            FIM = FIM + 1
            LISTA [FIM] = ELEMENTO
            if (PTRANT == CABECA) and (POSICAO == 1):
                APONTA [FIM] = APONTA [CABECA]
                APONTA [CABECA] = FIM
            else:
                APONTA [FIM] = APONTA[PTR]
                APONTA [PTR] = FIM
```

R13.04 – Escreva o procedimento REMOVEENC que faz a remoção em uma lista encadeada do elemento apontado pelo componente que ocupa POSICAO.

Parâmetros a serem usados:

LISTA – Lista que vai receber a remoção;

APONTA – Vetor de apontadores;
CABECA – Apontador para o início da lista;
POSICAO – Antecessor do novo elemento a ser inserido.

PYTHON

```
def REMOVEENC (LISTA, APONTA,CABECA, POSICAO):
    if POSICAO == CABECA:
        CABECA = APONTA [POSICAO]
        APONTA [POSICAO] = 0
    else:
        PTRANT = CABECA
        PTR = APONTA [CABECA]
        while (PTR != POSICAO):
            PTRANT = PTR
            PTR = APONTA [PTR]
        APONTA[PTRANT] = APONTA[POSICAO]
        APONTA [POSICAO] = 0
```

13.2 Listas Restritas

São um caso especial do tipo LISTA que recebem restrições quanto às operações de inserção e remoção. Abrangeremos em nosso texto dois tipos de listas restritas: **PILHA** E **FILA**.

13.2.1 Pilha

Uma Pilha (em inglês "stack") é uma lista restrita onde as inserções e remoções/acessos são feitas no fim da mesma. A pilha é conhecida também por estrutura LIFO ("Last in First Out"). As saídas da pilha atendem aqueles que entraram mais recentemente na mesma. A pilha funciona semelhantemente a uma PILHA DE PRATOS na pia, normalmente, lavamos os que estão por cima primeiro, embora eles tenham sido colocados por último.

São exemplos de **aplicações de pilhas**:

1. o controle de execução de subalgoritmos e o retorno aos seus respectivos pontos de retorno;
2. avaliação de expressões;
3. implementação de recursividade.

Há algumas **operações sobre as pilhas** que julgamos serem as mais importantes:

a. inserir um elemento no topo da pilha (operação conhecida por "push");
b. retirar o elemento do topo da pilha (conhecida por "pop");
c. acessar/conhecer o elemento no topo da pilha.

Exercícios Resolvidos

R13.05 – Produza o procedimento INSEREPIL que faz a inserção em uma pilha.

PILHA – Pilha que vai receber a inserção;
TOPO – Último elemento inserido na PILHA;
LIMITE – Tamanho máximo do vetor PILHA;
ELEMENTO – Novo componente a ser inserido.

PYTHON

```
def INSEREPIL (PILHA, TOPO, LIMITE, ELEMENTO):
    if TOPO >= LIMITE:
        TRATA.ESTOURO
    else:
        TOPO = TOPO + 1
        PILHA [TOPO] = ELEMENTO
```

R13.06 – Escreva o procedimento REMOVEPIL que faz a remoção em uma pilha.

PILHA – Pilha que vai receber a remoção;
TOPO – Último elemento inserido na PILHA;
LIMITE – Tamanho máximo do vetor PILHA;
ELEMENTO – Retorna o elemento a ser removido.

PYTHON

```
def REMOVEPIL (PILHA,
TOPO,LIMITE,ELEMENTO:
    if TOPO <= 0:
        TRATA.VAZIA
    else:
        ELEMENTO = PILHA [TOPO]
        TOPO = TOPO - 1
```

13.2.2 Fila

Uma Fila ("***queue***") é uma lista restrita cujas inserções são feitas no fim (cauda) e as remoções/acessos no início (cabeça). A fila é conhecida por estrutura FIFO ("**First in First Out**"), isto é, "**primeiro a entrar, primeiro a sair**". As saídas da fila ocorrem na mesma ordem em que ocorreram as entradas. O funcionamento de uma fila é o mesmo de uma fila de pessoas esperando para serem atendidas em um banco, por exemplo.

São exemplos de **aplicações de filas**:

1. o enfileiramento de tarefas por um sistema operacional com tempo compartilhado;

2. muitos problemas teóricos na área de redes de computadores são resolvidos pela teoria das filas.

As **principais operações** que podem ser realizadas sobre uma fila são:

a. inserir um elemento na cauda da fila;
b. retirar o elemento da cabeça da fila;
c. acessar/conhecer o elemento que está na cabeça da fila

Exercícios Resolvidos

R13.07 – Escreva o procedimento INSEREFIL que faz a inserção em uma fila.

FILA – Fila que vai receber a inserção;
CAUDA – Último elemento inserido na Fila;
LIMITE – Tamanho máximo do vetor FILA;
ELEMENTO – Elemento a ser inserido.

PYTHON

```
def INSEREFIL (FILA, CAUDA, CABECA, LIMITE, ELEMENTO):
    if  CAUDA >= LIMITE:
        TRATAESTOURO
    else:
        if CABECA = 0:
            CABECA = 1
        CAUDA = CAUDA + 1
        FILA [CAUDA] = ELEMENTO
```

R13.08 – Escreva o procedimento REMOVEFIL que faz a remoção em uma fila.

FILA – Fila que vai receber a remoção;
CABECA – Primeiro elemento da fila;
CAUDA – Último elemento inserido na Fila;
LIMITE – Tamanho máximo do vetor FILA;
ELEMENTO – Retorna o elemento a ser removido.

PYTHON

```
def REMOVEFIL (FILA, CAUDA, LIMITE, ELEMENTO, CABECA):
    if  (CABECA > CAUDA)  or (CABECA <= 0):
        TRATAVAZIA
    else:
        ELEMENTO = FILA [CABECA]
        CABECA = CABECA + 1
```

13.3 Usando as facilidades de Python para Listas

A linguagem Python oferece uma série de facilidades para realizar a manipulação de listas que normalmente não estão disponíveis na maioria das linguagens tradicionais.

Suponha uma lista com 5 elementos, que é denominada de **L = [1,2,3,4,5]**. Aqui é importante lembrarmos a ideia matemática de intervalos abertos e fechados. Um intervalo fechado inclui a extremidade e um aberto exclui a extremidade. Uma fatia (*slice*) em Python é um pedaço de uma lista, que possui várias facilidades para seu tratamento, inclusive para a operação de atribuição.

Vamos fazer operações sobre L e visualizar o resultado:

OPERAÇÃO	RESULTADO	EXPLICAÇÃO
L1 = L [:1]	L1 = [1]	Incorpore elementos no Intervalo fechado no início de L, que é L[0]=1 e aberto na extremidade final, que é L[1]=2
L2 = L [:3]	L2 = [1,2,3]	Incorpore elementos no Intervalo fechado no início de Le aberto na extremidade final, que é L[3]=4
L3 = L[2:4]	L3 = [3,4]	Incorpore elementos no Intervalo fechado no elemento de índice 2, que é L[2]=3 e aberto na extremidade final, que é L[4]=5
L4 = lista + L2	L4 = [1,2,3,4,5,1,2,3]	L4 é a junção de **lista** com **L2.** Observe que uma lista pode ter elementos repetidos.
print (L4 [0:8:2])	[1,3,5,2]	Exibe os termos começando no índice 0(zero) deslocando de 2 em 2.
L[::]	[1,2,3,4,5]	Exibe a lista inteira
L4 [::-1]	[3, 2,1,5, 4, 3, 2, 1]	Exibe a lista inteira invertida
L5 = list("olá")	L5 = ['o','l','á']	Converte um *string* em lista
Frase = join(L5)	Frase = "olá"	Converte uma lista em *string*
L4 [5,8]=[]	L4 = [1,2,3,4,5]	Os elementos da posição 5 em diante são eliminados porque esse intervalo virou uma lista vazia.
del L4 [2,3]	L4 = [1,2,4,5]	Delete o elemento "3".

13.3.1 Usando Métodos das listas para Pilhas e Filas

Nós podemos usar os métodos para listas para facilitar a implementação de pilhas e filas sequenciais. Para adicionar um item no topo da pilha, basta usar o método **append()**. Para retirar um item da pilha, basta usar o método **pop()**. Ambos os métodos foram descritos no capítulo 7.

Suponha uma lista chamada PILHA = [1,2,3] e uma FILA =[1,2,3]. Vejamos exemplos dessas operações sobre as mesmas:

OPERAÇÃO	RESULTADO	EXPLICAÇÃO
PILHA.append(4)	PILHA=[1,2,3,4]	Acrescenta 4 no topo da PILHA.
PILHA.append(5)	PILHA=[1,2,3,4,5]	Acrescenta 5 no topo da PILHA.
PILHA.pop()	PILHA=[1,2,3,4]	Retira o elemento do topo da PILHA (5).
PILHA.pop()	PILHA=[1,2,3]	Retira o elemento do topo da PILHA (4).
FILA.append(4)	FILA=[1,2,3,4]	Acrescenta 4 no fim da FILA.
FILA.append(5)	FILA=[1,2,3,4,5]	Acrescenta 5 no fim da FILA.
FILA.pop(0)	FILA=[2,3,4,5]	Retira elemento do início da FILA (1).
FILA.pop(0)	FILA=[3,4,5]	Retira elemento do início da FILA (2).

13.4 Usando Dicionários

Um dicionário é uma estrutura de dados composta de uma chave e um item que é acessado por esta chave. Esta estrutura também está disponível em outras linguagens de programação como em **C++ e Java**, nas quais é chamada de **mapa**, e em **Perl e Ruby**, que a denomina de **hash**.

Um exemplo poderia ser uma lista de apelidos:
Apelido = {'Apelido': 'Nome', 'Menudo':'Elton', 'Salsicha': 'Heronaldo', 'BilByte': 'Paiva'}

Uma pesquisa por qual o nome de "Menudo":
print (Apelido["Menudo"])
<<< Elton

Nós podemos checar se um determinado apelido está no dicionário:
if Apelido ["Salsicha"]:
    print (Apelido["Salsicha"])

Heronaldo
>>>
Vamos conhecer os principais métodos que atuam sobre dicionários, usando o dicionário original **Apelido**, que foi definido no início da seção 13.4 acima:

OPERAÇÃO	RESULTADO	EXPLICAÇÃO
Apelido.keys()	dict_keys(['Apelido', 'Menudo', 'Salsicha', 'Bilbyte'])	Exibição de todas as chaves do dicionário **Apelido**
Apelido.values()	dict_values(['Nome', 'Elton', 'Heronaldo', 'Paiva'])	Exibição dos conteúdos associados a cada chave do dicionário
Apelido.items()	dict_items([('Apelido', 'Nome'), ('Menudo', 'Elton'), ('Salsicha', 'Heronaldo'), ('Bilbyte', 'Paiva')])	Exibe os itens do dicionário com os pares chave/valor
len(Apelido)	4	Exibe a quantidade de elementos do dicionário Apelido
del(Apelido[0])	Apelido = {'Menudo':'Elton', 'Salsicha': 'Heronaldo', 'BilByte': 'Paiva'}	Elimina o elemento 0 (zero) do dicionário Apelido original que era: **'Apelido': 'Nome'**
"Menudo" in Apelido	True	Teste se "Menudo" pertence a Apelido

13.5 Usando Tuplas

Uma tupla é uma lista entre parênteses e que não se pode mudar os seus componentes nunca. Fazendo uma analogia poderíamos dizer que é uma lista de CONSTANTES.

Vamos criar uma tupla chamada vogal com as letras vogais maiúsculas e minúsculas:
vogal = ("a","A","e","E","i","I","o","O","u","U")

Observe que as vogais sempre serão as mesmas em qualquer circunstância do seu programa.

Se nós digitarmos no prompt do Python: >>> **type (vogal),** teremos como resposta:
<class 'tuple'>
Vamos conhecer os principais métodos que atuam sobre tuplas:

OPERAÇÃO	RESULTADO	EXPLICAÇÃO
t = tuple("Maria")	**t** = ("M","a","r","i","a")	Palavra **Maria** é dividida em uma tupla com suas letras constituintes.
Suponha uma lista com 5 elementos, que é denominada de **L = [1,2,3,4,5]:** t = tuple(L)	**t** = (1,2,3,4,5)	A lista foi transformada na tupla **t**.
t(1:3)	(2,3)	Tudo que valia em termos de fatias nas listas, valem para tuplas.
t(2)	3	Exibe elemento de **índice 2**, que tem **valor 3**.

13.6 Usando Conjuntos

Um conjunto é uma lista entre chaves "{}" e que não admite elementos duplicados. Fazendo uma analogia, poderíamos dizer que é uma lista sem repetições de elementos.

Vamos criar um conjunto chamado **vogalmin** com as letras vogais minúsculas e outro **vogalmai** com as vogais maiúsculas:

```
vogalmin = set("aeiouaeiou")
vogalmai = set("AEIOUAEIOU")
>>> vogalmin
{ 'u', 'i', 'e', 'a', 'o'}
>>> vogalmai
{'I', 'A', 'E', , 'O', 'U'}
```

Observe no quadro acima que as vogais repetidas foram eliminadas nos dois conjuntos !

Se digitarmos **type (vogalmin)**, teremos como resposta: **<class 'set'>** e da mesma forma para **type(vogalmai).** Vamos conhecer os principais métodos/operadores que atuam sobre conjuntos:

OPERAÇÃO	RESULTADO	EXPLICAÇÃO
vogais =vogalmin.union(vogalmai)	{'I', 'A', 'E', 'u', 'i', 'a', 'e', 'O', 'U', 'o'}	Conjunto **vogais** é a junção (união) dos dois conjuntos anteriores. Poderia ser também: **vogais = vogalmin | vogalmai**
dif1 = vogais.difference(vogalmai)	{'u', 'i', 'e', 'a', 'o'}	Operação diferença retira todas as vogais maiúsculas do conjunto vogais. Poderia ser também: **dif1 = vogais - vogalmai**
dif2 = vogais.difference(vogalmin)	{'I', 'A', 'E', 'O', 'U'}	Operação diferença retira todas as vogais minúsculas do conjunto vogais. Poderia ser também: **dif1 = vogais - vogalmin**
int1=vogais.intersection(vogalmai)	{'I', 'A', 'E', 'O', 'U'}	A interseção do conjunto **vogais** e **vogalmai** é igual às vogais maiúsculas. Poderia ser: **int1 = vogais & vogalmai**
int2=vogais.intersection(vogalmin)	{'u', 'i', 'e', 'a', 'o'}	A interseção dos conjuntos **vogais** e **vogalmin** são exatamente as vogais minúsculas. Poderia ser também: **int2 = vogais & vogalmin**
x.add (1)	x = {1}	Acrescenta elemento **1** ao conjunto **x**
x.remove(1)	x={}	Remove o elemento **1** do conjunto **x**
Naomuda = frozenset(["a","b","c"])	frozenset({'c', 'b', 'a'})	Cria um conjunto imutável (frozenset) semelhante a uma tupla.

Exercícios Propostos

P13.01 – Escreva o código para executar as operações OP3 e OP4 em uma lista sequencial.

P13.02 – Escreva o código para realizar as operações OP3 e OP4 em uma lista encadeada.

P13.03 – Escreva um programa para acessar o elemento no topo de uma pilha qualquer.

P13.04 – Formule um procedimento para alterar o conteúdo do enésimo elemento de uma pilha por um valor dado.

P13.05 – Produza um método para realizar a operação de acesso à cabeça de uma fila.

P13.06 – Escreva um programa para contar o número de módulos de uma lista encadeada.

P13.07 – Faça uma comparação entre a alocação sequencial e a encadeada.

P13.08 – Formule um programa que concatene duas listas encadeadas, formando uma terceira.

P13.09 – Uma lista duplamente encadeada é aquela onde os seus componentes possuem 2 apontadores. Um desses apontadores aponta para o seu antecessor e o outro para o seu sucessor. Escreva procedimentos para realizar as 4 operações principais sobre listas, usando o duplo encadeamento.

P13.10 – Discorra sobre as vantagens da lista duplamente encadeada sobre a lista simples.

P13.11 – Assinale **V** (Verdadeiro) e **F** (Falso) para cada uma das afirmativas a seguir:

a. ( ) O apontador (variável) CAUDA aponta para o último elemento da FILA.
b. ( ) Os tipos abstratos de dados estão sempre disponíveis em todas as linguagens de programação.
c. ( ) As listas encadeadas só podem ser implementadas com a alocação estática (usando vetores).
d. ( ) Todos os problemas computacionais podem ser resolvidos sem o uso de tipos abstratos de dados.
e. ( ) A alocação sequencial é mais versátil que a encadeada.
f. ( ) Os algoritmos da alocação encadeada são mais complexos que os da sequencial.
g. ( ) A lista duplamente encadeada é menos flexível que a simplesmente encadeada.

P13.12 – (COPEL/PUC-PR 2010 – Analista Suporte Téc. Jr.)
Considere o seguinte pseudocódigo, que cria uma pilha de caracteres:

```
 Cria uma pilha de caracteres
 While (existem caracteres na para serem lidos em uma palavra)
 {
     c = lê um caracter de palavra
     push(c)
 }
While (pilha não está vazia)
{
    pop(c)
    imprime(c)
 }
```

O que será escrito caso o algoritmo seja executado com a palavra de entrada "COPEL"

a. COPEL **b.** LEPOC **c.** CCOOPPEELL **d.** LLEEPPOOCC **e.** LCEOP

P13.13 - (FURP - ANALISTA SISTEMAS - 2010) Uma estrutura de dados caracteriza-se como sendo um objeto do tipo LIFO, assim, é correto afirmar que:

a.inclusões ocorrem no final e exclusões no início.
b.exclusões ocorrem no final e inclusões no início.
c.inclusão de novos elementos, assim como a exclusão se processa sempre no final do objeto.
d.exclusões e inclusões ocorrem no início (primeiro elemento).
e. podem ocorrer exclusões e inclusões em qualquer extremidade do objeto.

P13.14 - (MPE/RS -Téc. em Informática / 2008) Respeitando as ordens de inserção e de retirada dos dados, uma estrutura de

a. fila é também denominada LIFO ou LILO.
b. fila é também denominada FIFO ou FILO.
c. fila é também denominada FIFO ou LIFO.
d. pilha é também denominada FIFO ou FILO.
e. pilha é também denominada LIFO ou FILO.

P13. 15 - (MIN.PÚB.EST.RG DO SUL -Téc. em Informática /2008) Uma fila dupla que se trata de uma lista linear na qual os elementos podem ser inseridos ou removidos de qualquer extremo denomina-se

a. *hashing*. b. grafo c. deque d. lista aberta e. lista fechada

P13. 16 – (FAURGS - 2018 - TJ-RS - Administrador de Banco de Dados) - A estrutura de dados __________ é uma lista linear em que todas as inserções são realizadas em um extremo da estrutura, e todas as retiradas e acessos são realizados no outro extremo da estrutura. Uma implementação por meio de arranjos é circular, delimitada pelos apontadores **"Frente"** e **"Trás"**. Para inserir um item, basta mover o apontador **"Trás"** uma posição no sentido horário; para retirar um item, basta mover o apontador **"Frente"** uma posição no sentido horário.

Assinale a alternativa que completa corretamente a lacuna do texto acima.

a) tabela *hash* **b)** árvores B **c)** pilha **d)** árvore binária pesquisa **e)** fila

P13.17 – (FADESP - 2018 - IF-PA - Professor - Informática) - Analise as seguintes afirmativas sobre estruturas de dados: listas, filas e pilhas.

I. Em uma lista linear em alocação sequencial, cada nó é formado por campos que armazenam características distintas dos elementos da lista. Cada nó da lista pode possuir um identificador denominado chave, que deve ser único na lista para evitar ambiguidades.
II. A fila é um caso particular de listas onde as inserções e as remoções são realizadas apenas em uma das extremidades da lista.

III. A pilha é um caso particular de listas onde as inserções são realizadas em uma extremidade e as remoções na outra extremidade da lista.

É correto afirmar que a(s) **afirmativa**(s) **verdadeira**(s) são:

a) I b) II c) III d) I e II e) I e III

P13.18 – (CESPE - 2018 - ABIN - Oficial Técnico de Inteligência - Área de Tecnologia da Informação) - Julgue os itens subsequentes, relativos à lógica de programação.

Pilha é uma estrutura de dados em que o último elemento a ser inserido será o primeiro a ser retirado.

a) Errado b) Certo

P13.19 – (CESPE - 2017 - TRT - 7ª Região (CE) - Analista Judiciário - Tecnologia da Informação) - A lógica FIFO (first-in first-out) é utilizada na estrutura de dados do tipo

a) pointer ou ponteiros.
b) queue ou filas.
c) stack ou pilhas.
d) array ou matrizes

P13.20 – (VUNESP - 2015 - TCE-SP - Agente de Fiscalização Financeira - Sistemas, Gestão de Projetos e Governança de TI) - Considere uma estrutura de dados na forma de uma lista linear em que as operações referentes à inserção e remoção de elementos são realizadas na mesma extremidade dessa lista. O tipo específico dessa estrutura de dados e o nome usual da extremidade citada são, correta e respectivamente,

a) pilha e topo. b) pilha e base. c) árvore e folha. d) grafo e folha. e) grafo e base

P13.21 – (FCC - TRF - 4ª REGIÃO - 2019 - Analista Judiciário - Infraestrutura em Tecnologia da Informação) - Considerando que em um programa Python em condições ideais há um *array* criado pelo comando nomes = ["Maria", "Pedro", "João"], para exibir os valores contidos nesse *array* utiliza-se

a) for x in nomes: out.print(x)
b) while x in nomes: print(x)
c) foreach x in nomes: print(x)
d) foreach x in nomes: system.println(x)
e) for x in nomes: print(x)

P13.22 - (COMPERVE - UFRN COMPERVE - 2019 - Engenheiro - Engenharia da Computação) - Python é uma linguagem interpretada largamente utilizada atualmente. Não requer tipagem de variáveis e sua sintaxe indentada favorece a organização do código. Uma das suas funcionalidades mais poderosas são as listas. Considere o código em Python do quadro abaixo:

1. a = ['UF'] + ['RN']
2. len(a)

3. b = ['4']*4
4. len(b)

A saída correta correspondente às linhas 2 e 4 do código é

a) 2 e 4   b) 4 e 16   c) 2 e 16   d) 4 e 4   e) 4 e 2

P-13.23 – (IFPI - 2016 - Técnico em Tecnologia da Informação) - Dada a sequência de código Python3 abaixo, assinale a alternativa **CORRETA**:

```
j = (1,2,3,4,5)
h = [1,2,3,4,5]
```

a) As variáveis j e h são do tipo tabela hash;
b) A variável j é uma tupla e a variável h é uma lista
c) A variável j é uma lista e a variável h é uma tupla;
d) Ambas as variáveis são dict;
e) Existem erros na declaração destas variáveis.

Capítulo 14

Introdução à Programação Orientada a Objetos

Dê atenção ao processo, ao caminho, ao durante porque quando a conquista acontecer, já vai ser parte do passado.

Severino Paiva

Ao longo do livro temos trabalhado na perspectiva de escrevermos programas sob a ótica da programação estruturada (PE). Por programação estruturada, pode-se entender a utilização de algumas ferramentas básicas no processo de construção de programas:

- utilização obrigatória das três estruturas fundamentais da programação (sequência, decisão e repetição);
- modularização de programas;
- desenvolvimento *top-down* no qual se parte do geral para o específico;
- refinamentos sucessivos buscando o aperfeiçoamento do código final.

Segundo LARMAN(2007), A tecnologia de Objetos é amplamente difundida e a mais utilizada atualmente no desenvolvimento de software, sendo de sumária importância o seu domínio para obter sucesso no mundo dos construtores de software, ficando evidente a importância de dominar os conceitos fundamentais de orientação a objetos, tais como classe, instância, herança, polimorfismo e encapsulamento, dentre outros.

Desenvolver programas OO nada mais é que definir objetos em termos dos recursos de uma linguagem e estabelecer como eles colaboram para atingir os objetivos finais do programa.

14.1 Conceitos Fundamentais

Segundo LINDEN(2005), um **objeto** é uma variável do tipo da classe, mas não é um tipo primitivo da linguagem.

Nessa mesma linha, o autor destaca que existem várias outras definições plausíveis:

- um objeto é uma instância de uma classe;
- um objeto pertence a uma classe;
- um objeto pertence a um tipo de referência, que é a classe.

Classe é um projeto de um objeto, que define atributos e comportamentos (métodos), podendo ser especializada ou subdividida em outras classes descendentes.
Atributo é uma característica de uma classe ou objeto.
Método é a definição do comportamento de um objeto através da programação.
Mensagem é a ativação de um método.
Herança é a transferência de características entre classes que estão em uma mesma árvore genealógica.
Encapsulamento é um mecanismo que permite que um objeto seja utilizado tendo conhecimento apenas da sua interface de comunicação com o mundo exterior, não precisando conhecer detalhes internos da implementação dos seus *métodos.*

Cada um desses conceitos, que parecem novos, pode ter o estabelecimento de um paralelo entre eles e os conceitos já usados e aprendidos na Programação Estruturada (PE):

POO	PE
Classe	Variável composta Heterogênea + Subprogramas
Objeto	Variável do tipo Classe
Método	Procedimento / Função dentro de uma classe
Atributo	Variável dentro de uma Classe
Mensagem	Ativação de Procedimento/Função com passagem de parâmetros
Encapsulamento	Visibilidade / Escopo
Herança	Tipagem com seu respectivo escopo
Polimorfismo	Ativação condicionada de trechos diferentes de um(a) procedimento/função

14.2 Programação Orientada a Objetos em Python

Registre-se a máxima de que tudo em Python é um objeto. Vamos ver como trabalhar com classes e objetos em Python:

14.2.1 Definindo uma Classe

```
Formato Geral:
class <nome>:
      <Declaração1>
      <Declaração2>
     .....
     <DeclaraçãoN>

Exemplo:

class exem1:
      p1 = 4
      p2 = 6
      def calcula_mediapond (n1,n2):
            return ((exem1.p1*n1 + exem1.p2*n2) / (exem1.p1 + exem1.p2))
```

Uso do método da classe Exemplo1:

print ("A média ponderada: ", exem1.clacula_mediapond(7,8))

Explicação:

A classe **exem1** tem dois atributos inteiros (p1 e p2) e seu método **calcula_mediapond** recebe um pedido de ativação (**mensagem**) com duas notas como parâmetros (7 e 8) para calcular a média ponderada do aluno, apresentando como resultado o valor **7,6.**

14.2.2 Instanciando um Objeto de uma Classe

Criada a classe, você pode instanciar um objeto, isto é, criar uma variável daquela classe.

Formato Geral:
<Nome-Objeto> = <Classe()>

Exemplos:
x = exem1()

print (x.p1)
Exibirá o valor de p1 em x, que é 4
>>> 4

Ao digitar o nome do objeto x no prompt do Python, você terá a informação abaixo, dando conta que x é um objeto da classe **exem1**:

```
>>> x
<_main_.exem1 object at 0x034EF7DO>
>>>
```

Observe que quem solicita a execução do método da **classe exem1** não tem detalhes sobre a implementação do método, mas apenas do seu cabeçalho (**calcula_mediapond (n1,n2)**) para solicitar a sua ativação. Essa ocultação dos detalhes internos da implementação é o que se convenciona chamar de **encapsulamento.**

Segundo Tucker (2008), utilizando o encapsulamento o programa pode limitar o escopo e a visibilidade dos valores de dados e das funções que fazem parte desse tipo de dado recém definido, criando a ideia de um tipo de dado abstrato.

E Tucker (2008) continua: o objetivo principal da abstração de dados é empacotar dados e suas funções juntos em um único módulo, de tal forma que as funções proporcionem uma interface pública para o tipo.

14.2.3 Criando uma SubClasse

O paradigma orientado a objetos provê a reutilização de código por meio do conceito de herança. Você pode criar uma **subclasse** ou **classe filha** de uma **classe mãe, classe pai, classe base** ou **superclasse**, materializando a ideia de herança:

```
Formato Geral:

class <nome> (<classe-mãe>):
 <Declaração1>
<Declaração2>
 .....
<DeclaraçãoN>

Exemplo:

class filha (exem1):
def calcula_mediaaritm (n1,n2):
        return (n1 + n2) /2
```

A classe **filha** herda atributos (**p1** e **p2**) e o método **calcula_mediapond** pertencentes à classe mãe **exem1**. A relação de herança de uma única classe-mãe é dita ser herança simples.

A **herança múltipla** pode ser explicitada citando várias classes mães:

```
class filha (mae1, mae2, mae3):
          ...
          ...
```

A digitação no prompt do Python do comando filha.calcula_mediapond(8,9) exibirá o resultado 8.6, conforme a figura a seguir:

```
>>> filha.cacula_mediapond(8,9)
8.6
>>>
```

Além da herança dos atributos da sua classe mãe, a classe filha tem um método próprio (**calcula_mediaaritm**), que poderá ser utilizado diretamente, conforme mostra a figura a seguir:

```
>>> filha.cacula_mediaaritm(8,9)
8.5
>>>
```

14.2.4 Polimorfismo

Segundo SEBESTA (2010), uma das características importantes das linguagens orientadas a objetos é um tipo de polimorfismo proporcionado pela vinculação dinâmica de mensagens e vinculação de método.

O polimorfismo permite a redefinição de um método originalmente existente para atender alguma necessidade específica. No exemplo, a seguir, a subclasse **filha** redefine o método da classe mãe **exem1**:

```
class exem1:
    def calcula_media(p1,p2,n1,n2):
        return ((p1*n1 + p2*n2) / (p1 + p2))

class filha(exem1):
    def calcula_media (n1,n2):
        return ((n1 + n2) / 2)

print (exem1.calcula_media (4,6,8,9))

print (filha.calcula_media (8,9))
```

A classe **filha** redefiniu o método **calcula_media** com apenas duas notas (**def calcula_media (n1,n2)**), caracterizando o polimorfismo neste método.

14.2.5 Método Construtor de uma Classe

O método construtor é ativado imediatamente quando uma classe é instanciada. No exemplo, a seguir, é criada uma classe chamada **pessoa** que tem um método construtor (**__init__**), que recebe um **nome** e um **cpf** que são atribuídos às variáveis de instância no processo de instanciação.

```
class pessoa:
    def __init__(self, nome,cpf):
        self.nome = nome
```

```
            self.cpf = cpf

cliente = pessoa ("Joao Augusto",36210234453)     # cliente é uma instanciação classe pessoa
print (cliente.nome,cliente.cpf)                     # Exibe valores das variáveis na instância
```

14.2.6 Generalidades sobre Classes Python

1) Você pode usar as funções **issubclass()** ou **isinstance()** para checar a relação entre classes e suas instâncias:

- **issubclass(sub, sup)** retorna **True**, se **sub** for subclasse da superclasse **sup**.
- **isinstance(obj, Class)** retorna **True**, se **obj** for uma instância da Classe **Class** ou se for uma instância de uma subclasse de **Class**

2) Atributos predefinidos em Classes Python
- **__doc__** - Documentação da Classe ou string vazio, se não definido.
"""**Este classe define** ..."""
- **__module__** - Nome do módulo no qual a classe é definida. Possui valor "__main__" no modo interativo.
- **__name__** - Nome da classe.
- __dict__ - Informações gerais sobre a classe:

```
>>> print (teste.__dict__)
{'__module__': '__main__', '__doc__': 'Teste Classe', 'i': 1, '__dict__': <attri
bute '__dict__' of 'teste' objects>, '__weakref__': <attribute '__weakref__' of
'teste' objects>}
>>> |
```

Exercícios Propostos

P14.01 – (Quadrix - 2019 - CRA-PR - Analista de Sistemas) - Julgue o item quanto à programação orientada a objetos e à linguagem de programação Python. Na estrutura de um programa em Python, as instruções contêm expressões que, por sua vez, criam e processam objetos.

a) Errado b) Certo

P14.02 – (Quadrix - 2019 - CRA-PR - Analista de Sistemas) - Julgue o item quanto à programação orientada a objetos e à linguagem de programação Python. A criação de métodos e tipos genéricos não é permitida pelo polimorfismo paramétrico.

a) Errado b) Certo

P14.03 – (Quadrix - 2019 - CRA-PR - Analista de Sistemas) - Julgue o item quanto à programação orientada a objetos e à linguagem de programação Python. A Python fornece módulos internos para processamento numérico, como, por exemplo, o math.

a) Errado b) Certo

P14.04 – (Quadrix - 2019 - CRA-PR - Analista de Sistemas) - Julgue o item quanto à programação orientada a objetos e à linguagem de programação Python. O encapsulamento permite atualizar um componente, fornecendo uma implementação mais eficiente, ou até mesmo corrigir erros, sem a necessidade de tocar nos outros objetos do programa.

a) Errado b) Certo

P14.05 – (FCC - 2018 - MPE-PE - Analista Ministerial - Informática) - Considere o fragmento de código Python abaixo.

```
class Cliente:
    I
    .....
     self.nome = nome
     self.renda = renda
p1 = Cliente("Maria", 5678.98)

print(p1.nome)
print(p1.renda)
```

Para que o código seja compilado e executado corretamente, a lacuna I deverá ser preenchida com

a) __init__(self, nome, renda):
b) function __init(self, nome, renda):
c) def __construct(self, nome, renda):
d) def __init__(self, nome, renda):
e) Cliente(self, nome, renda):

P14.06 – (IESES - IFC-SC – 2015 - Informática - Programação Web e Dispositivos Móveis) - Analise o seguinte trecho de código em Python 3.3.2 e assinale a alternativa correta:

```
class Cachorro:
    def tipo (self):
            return"10"

class Basset (Cachorro):
    def tipo(self):
            return"100"

cachorro1 = Cachorro()
cachorro2 = Basset()

print(cachorro1.tipo())
print(cachorro2.tipo())
```

a) Ocorrerá um erro de execução na linha "def tipo(self):" logo abaixo de "class Basset(Cachorro):".
b) A execução de "print(cachorro2.tipo())" mostrará o valor "10" na saída padrão.

c) A execução de "print(cachorro2.tipo())" mostrará o valor "100" na saída padrão.
d) Ocorrerá um erro de execução na linha "print(cachorro2.tipo())".

P14.07 – (MP-RS – 2015 - Técnico em Informática - Internet/Intranet) - Considere o trecho de código Python listado abaixo e as afirmações que seguem.

```
class Car:
    "'"Classe que representa um carro."'"
    def __init__(self, automatic):
            self.passengers = 0
            self.automatic = automatic
            automatic = True
    def getName(self):
            print(_name)
    def incrementPassengers(self):
            self.passengers+=1
car = Car(False)
```

I. A saída do comando "car.automatic" será "False"
II. A saída do comando "car.getName()" será "Car"
III. A saída do comando "print(Car.__doc__[10:14])" será "repr"

Quais afirmações estão corretas?

a) Apenas I b) Apenas II. c) Apenas III. d) Apenas II e III. e) I, II e III

Parte inferior do formulário

P14.08 - (FGV – Câmara Recife-PE – 2014 - Assistente Legislativo - Programador) - Considere o seguinte trecho de código que representa uma classe em Python para cálculos contábeis (classe Contabil) com um método de cálculo de taxa de juros simples. Considere também uma classe para testes unitários (classe TesteContabil). Um teste falha se a condição lógica a ser testada for falsa e passa caso contrário. O método assertEqual testa se um parâmetro é igual a um segundo, enquanto assertRaises testa se uma Exception em Python está sendo lançada.

```
import unittest
class Contabil:
  def taxa_juros(self, vf, vp, n):
    i = ((vf/vp) - 1)/(n 1.0)
    return i

class Teste Contabil(unittest.Test Case):
  def setUp(self):
    self.contabil = Contabil

def test_1(self):
self.assertEquall self.contabil.taxa_juros(1000,10,10), 0)
```

```
def teste_2(self):
  self.assertRaises(TypeError,lambda:
self.contabil.taxa_juros("10",23,22))

def teste_3(self):
  self.assertRaises(Zero DivisionError, lambda:
self.contabil.taxa_juros(10,23,0))

if __name__ =='_main__':
  unittest.main()
```

Com base nesse código, é possível afirmar que, uma vez executado o código de testes:

a) nenhum teste falhará;
b) todos os testes falharão;
c) o teste test_1 não falhará, os testes teste_2 e teste_3 irão falhar;
d) os testes teste_2 e teste_3 não falharão e o teste_1 falhará;
e) os testes teste_3 e teste_1 não falharão e o teste_2 irá falhar.

P14.09 – (FCC - TRE-CE - Analista Judiciário - Analista de Sistemas) – Considere:

```
1    class A:
2       a = 1

3    class B(A) :
4       _C = 3

5    definit (self):
6       print self.a
7       print self._C

8    a = A()
9    print (isinstance (a, b))

10   b = B()
11   print(isinstance (b, B))

12   b = A()
13   print(isinstance (b, A))
```

Em relação à sintaxe em Python, é INCORRETO afirmar que na

a) linha 3 a classe B está herdando A.

b) linha 4 o atributo é considerado privado.
c) linha 5 exibe um método construtor.
d) linha 9 o objeto a é uma instância da classe B.
e) linha 13 o objeto b é uma instância da classe A.

14.10 - (FGV - 2018 - MPE-AL - Analista do Ministério Público - Administrador de Banco de Dados) - Analise o código Python a seguir:

```
class End_simples (object):

   def __init__(self, rua, num, bai):
     self.rua - rua
     self. num - num
     self.bai - bai

   def Endereco (self):
     return self.rua + ", " + self.num
          + "" + self.bai
class End_com (End_simples):

def __init__(self, rua, num, bai, com) :
   End_simples. __init__(self, rua, num, bai)
   self.com - com

def Endereco (self):
   ...

a - End_simples ("Av Brasil", *243", \
                 "Floresta")
b - End_com ("Av Miracema", "12", \
             "Centro", "apto 3")

print (a.Endereco())
print (b.Endereco())
```

Sabe-se que a execução desse código produziu as duas linhas a seguir.

```
Av Brasil, 243 Floresta
Av Miracema, 12 Centro, apto 3
```

Assinale a opção que apresenta a correta definição para o método Endereco na classe End_com.

a) return self.Endereco()+ ", " + self.com

b) return End_simples.Endereco() \ + ", " + self.com
c) return super(End_com, self).Endereco() \ + ", " + self.com
d) return parent(End_com, self).Endereco() \ + ", " + self.com
e) Return self.parent.Endereco() \ + ", " + self.com

Capítulo 15

Pensamento Computacional e Computação Desplugada

A nossa vida é aquilo que os nossos pensamentos fizeram dela.

Marcos Aurélio – Imperador romano

15.1 - Introdução

O Brasil tem apurado, de forma reiterada, nas avaliações próprias, como por exemplo, SAEB e ENEM, e em avaliações internacionais, como o PISA, resultados que sinalizam a falência do nosso sistema educacional.

Segundo o INEP (2019), o resultado da edição do PISA 2018, a última realizada e divulgada, apontou que:

> "o Brasil tem baixa proficiência em leitura, matemática e ciências, se comparado com outros 78 países que participaram da avaliação. O PISA revela que 68,1% dos estudantes brasileiros, com 15 anos de idade, não possuem nível básico de matemática, o mínimo para o exercício pleno da cidadania. Em ciências, o número chega a 55% e, em leitura, 50%. Os índices estão estagnados desde 2009.

Anos após anos, educadores, gestores públicos, parlamentares, dentre tantas outras categorias, têm buscado soluções para conseguir melhorar a educação em nosso país.

Nessa busca de soluções, após vários anos de discussão, o MEC, em dezembro de 2018, homologou o documento denominado Base Nacional Comum Curricular - BNCC (BRASIL,2018), conforme preconizado pela Lei de Diretrizes e Bases da Educação Nacional (LDB, Lei nº 9.394/1996). A BNCC deve nortear os currículos dos sistemas e redes de ensino das Unidades Federativas, como também as propostas pedagógicas de todas as escolas públicas e privadas da Educação Básica no Brasil.

A Base Nacional Comum Curricular (BNCC) é um documento de caráter normativo que define o conjunto orgânico e progressivo de aprendizagens essenciais que todos os alunos devem desenvolver ao longo das etapas e modalidades da Educação Básica. BRASIL (2018).

A melhoria do desempenho dos nossos alunos em Matemática e Ciências pode ser obtida com o domínio de técnicas para a resolução de problemas.

Essa busca no sentido de alcançar proficiência na resolução de problemas fez com que a BNCC enfatizasse a necessidade do uso da tecnologia como ferramenta didática com esse propósito:

> "**Compreender, utilizar e criar tecnologias digitais de informação e comunicação** de forma crítica, significativa, reflexiva e ética nas diversas práticas sociais (incluindo as escolares) para se comunicar, acessar e disseminar informações, produzir conhecimentos, **resolver problemas** e exercer protagonismo e autoria na vida pessoal e coletiva." (BRASIL, 2018)."

A tecnologia aparece explicitamente na competência de número 5 para o Ensino Fundamental, na área de Matemática, segundo a qual o aluno deve ser capaz de:

> Utilizar processos e ferramentas matemáticas, **inclusive tecnologias digitais disponíveis**, para modelar e resolver problemas cotidianos, sociais e de outras áreas de conhecimento, validando estratégias e resultados. (BRASIL,2018).

15.2 - Pensamento ou Raciocínio Computacional

Essa linha de valorizar a formação de pessoas com a habilidade para resolver problemas fez surgir nos últimos anos o termo **pensamento ou raciocínio computacional**.

Segundo Jeanette Wing (2006), uma das maiores autoridades mundiais sobre o uso de tecnologia como ferramenta de aprendizagem, o pensamento computacional é o processo de reconhecer aspectos da computação no mundo que nos rodeia e aplicar ferramentas e técnicas para entender e raciocinar sobre sistemas e processos naturais, sociais e artificiais.

Dito de outra forma, Wing definiu o pensamento computacional como a elaboração de problemas e soluções representados de forma que possam ser executados por elementos processadores de informações, quer sejam humanos, computadores ou uma combinação de ambos.

Em seu trabalho, Wing caracteriza o *pensamento computacional* com os seguintes elementos:

- Conceitualização (organização dos conceitos) e não programação;
- Habilidade fundamental, não mecânica;
- Uma forma que humanos, não computadores, pensam;
- Um pensamento que combina raciocínio matemático e de engenharia;
- Composto por ideias, não somente software e hardware;
- Para todas as pessoas, em todos os lugares.

Ainda segundo Wing, o *pensamento computacional* pode ser organizado em quatro fases:

1. **Decomposição:** dividir a questão em problemas menores e, portanto, mais fáceis de resolver;
2. **Padrões:** identificar o padrão ou os padrões que geram o problema e/ou à solução;
3. **Abstração:** ignorar os detalhes de uma solução de modo que ela possa ser válida para diversos problemas, concentrando-se nos aspectos mais importantes;
4. **Algoritmo:** estipular a ordem ou sequência de passos para resolver o problema.

De acordo com Bezerra (2014), o Pensamento Computacional é uma habilidade de extrema importância e precisa ser aprendida por todos, da mesma forma que todos devem aprender a ler e escrever.

Há consenso entre vários autores de que que o Pensamento Computacional pode desenvolver várias habilidades nos alunos que são expostos a atividades dessa natureza, dentre elas:

- Capacidade de reflexão;
- Raciocínio algorítmico e matemático;
- Visão generalista;
- Reconhecimento da importância da análise de dados.

Nesse sentido, a Base Nacional Comum Curricular faz várias referências ao termo "pensamento computacional", especificamente, na parte introdutória do seu Caderno de Matemática:

> "Outro aspecto a ser considerado é que a aprendizagem de Álgebra, como também aquelas relacionadas a outros campos da Matemática (Números, Geometria e Probabilidade e Estatística), podem contribuir para o desenvolvimento do **pensamento computacional** dos alunos, tendo em vista que eles precisam ser capazes de traduzir uma situação dada em outras linguagens, como transformar situações-problema, apresentadas em língua materna, em fórmulas, tabelas e gráficos e vice-versa.
>
> Associado ao **pensamento computacional**, cumpre salientar a importância dos algoritmos e de seus fluxogramas, que podem ser objetos de estudo nas aulas de Matemática. [...] Outra habilidade relativa à álgebra que mantém estreita relação com o pensamento computacional é a identificação de padrões para se estabelecer generalizações, propriedades e algoritmos." (BRASIL, 2018)

Implantado no cotidiano escolar, o pensamento computacional pode possibilitar que os alunos resolvam problemas, os dividam em partes e criem algoritmos para solucioná-los, estimulando o raciocínio lógico, a criatividade e o entrosamento com novas tecnologias.

15.3 - Computação Desplugada

Em um país de contrastes como o Brasil, como podemos lidar com as desigualdades sociais que geram realidades tão díspares entre nossas escolas?

A resposta tem sido dada através do ensino dos conceitos e técnicas da Ciência da Computação sem necessariamente usarmos o computador. É a filosofia da **computação desplugada**.

Um dos objetivos da Computação Desplugada é eliminar barreiras técnicas (WEISSHAHN et al., 2016).

Vieira (2013) complementa afirmando que "o princípio básico da estratégia desplugada é não usar computadores ao ensinar ciência da computação, buscando aprender fazendo, tornando o ensino divertido, sem o uso de equipamento algum, desenvolvendo variações sobre a aplicação das atividades, incluindo a comunicação e a solução de problemas para reforçar a cooperação".

Ficando claro que o pensamento Computacional pode ser ensinado com e sem recursos computacionais, bastando ter a proposição de atividades que desenvolvam essas habilidades específicas sem que necessariamente tenhamos computadores disponíveis.

Nesse sentido, Wing (2011) afirma que "a solução de um problema/atividade pode ser executada por um humano ou máquina, ou ainda por combinações de seres humanos e máquinas".

Para tornar possível a realização de atividades da computação desplugada, estamos propondo duas ferramentas didáticas auxiliares no processo ensino-aprendizagem do raciocínio ou pensamento computacional:

- **ROBOMAT** – um robô de papelão que obedece a ordens das crianças para seguir um determinado caminho, virar para a esquerda ou direita, dar meia-volta, pegar ou largar objetos. O ROBOMAT pode ser visualizado na Figura 01:

Figura 01 – ROBMAT / Fonte: Criação própria

- **COMPMAT** – um computador de papelão que recebe instruções das crianças para resolver problemas computacionais, conforme a Figura 2:

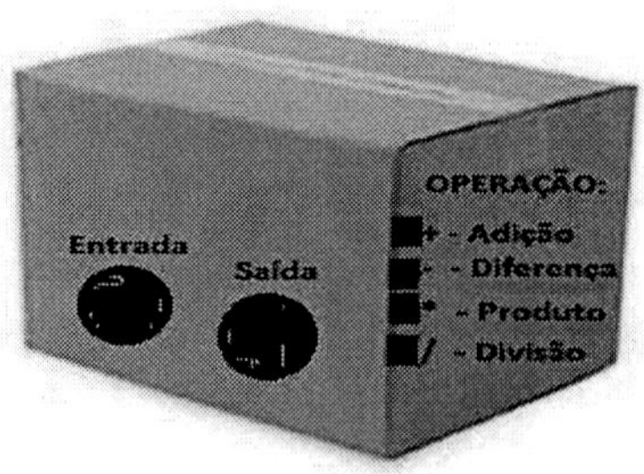

Figura 02 – COMPMAT / Fonte: Criação própria

15.4 – Proposta de Planejamento Anual para Pensamento Computacional

A Sociedade Brasileira de Computação – SBC apresentou uma proposta de ampliação do ensino de Computação para o ensino básico, disponível em SBC (2018), que, em conjunto com a BNCC, serviram de base para a elaboração da nossa proposta de planejamento de ensino de Pensamento Computacional para cada ano do ensino fundamental:

Pensamento Computacional - Ensino Fundamental - 1º. Ano		
Objeto de Conhecimento	**Habilidades**	**Bimestre**
Hardware e software	Diferenciar hardware (componentes físicos) e software (programas que fornecem as instruções para o hardware).	I
Máquinas que computam: Terminologia e uso de dispositivos computacionais	Reconhecer dispositivos capazes de computar (desktop, notebook, tablet, smartphone, etc.) e identificar e descrever a função de dispositivos de entrada e saída (monitor, teclado, mouse, impressora, microfone, câmera etc.).	I
ROBOMAT E COMPMAT	Conhecer os equipamentos didáticos (ROBOMAT e COMPMAT), que serão utilizados nas atividades práticas da disciplina.	I
Definição de problemas e algoritmo	Identificar problemas cuja solução é um algoritmo, definindo-os através de suas entradas e saídas; Compreender o conceito de algoritmo.	II
Ferramentas para representar algoritmos	Identificar as principais ferramentas de representação de algoritmos (português, fluxograma, linguagem algorítmica).	III
Algoritmos e a resolução de problemas	Compreender a necessidade de algoritmos para resolver problemas; Resolver problemas básicos usando o ROBOMAT (exemplo: fazer o ROBOMAT seguir um determinado caminho, utilizando instruções básicas tais como: avance, vire à direita, vire à esquerda, etc.); Utilizar o COMPMAT para resolver: problemas envolvendo adição e subtração, problemas envolvendo medidas de comprimento, massa, capacidade e tempo etc.	IV

Pensamento Computacional - Ensino Fundamental - 2º. Ano		
Objeto de Conhecimento	**Habilidades**	**Bimestre**
Hardware e software	Diferenciar hardware (componentes físicos) e software (programas que fornecem as instruções para o hardware)	I
Máquinas que computam: Terminologia e uso de dispositivos computacionais	Reconhecer dispositivos capazes de computar (desktop, notebook, tablet, smartphone, etc.) e identificar e descrever a função de dispositivos de entrada e saída (monitor, teclado, mouse, impressora, microfone, câmera etc.).	I
ROBOMAT E COMPMAT	Conhecer os equipamentos didáticos (ROBOMAT e COMPMAT), que serão utilizados nas atividades práticas da disciplina.	I
Definição de problemas e algoritmo	Identificar problemas cuja solução é um processo (algoritmo), definindo-os através de suas entradas e saídas; compreender o conceito de algoritmo.	II
Ferramentas para representar algoritmos	Identificar as principais ferramentas de representação de algoritmos (português, fluxograma, linguagem algorítmica)	II
Algoritmos e a resolução de problemas	Compreender a necessidade de algoritmos para resolver problemas; Resolver problemas básicos usando o ROBOMAT (exemplo: fazer o ROBOMAT seguir um determinado caminho, considerando mais de um ponto de referência e aceitar mudanças de direção e sentido etc.); Utilizar o COMPMAT para resolver problemas envolvendo adição, multiplicação, dobro, metade e triplo; Utilizar o COMPMAT para resolver problemas envolvendo medidas de comprimento, massa, capacidade, tempo e que envolvam o sistema monetário nacional.	III e IV

Pensamento Computacional - Ensino Fundamental - 3º. Ano		
Objeto de Conhecimento	**Habilidades**	**Bimestre**
Hardware e software	Diferenciar hardware (componentes físicos) e software (programas que fornecem as instruções para o hardware)	I
Máquinas que computam: Terminologia e uso de dispositivos computacionais	Reconhecer dispositivos capazes de computar (desktop, notebook, tablet, smartphone, etc.) e identificar e descrever a função de dispositivos de entrada e saída (monitor, teclado, mouse, impressora, microfone, câmera etc.).	I
ROBOMAT E COMPMAT	Conhecer os equipamentos didáticos (ROBOMAT e COMPMAT), que serão utilizados nas atividades práticas da disciplina.	I
Definição de problemas e algoritmo	Identificar problemas cuja solução é um processo (algoritmo), definindo-os através de suas entradas e saídas; compreender o conceito de algoritmo.	II
Algoritmos: Seleção ou Decisão	Definir e executar algoritmos que incluem sequências e decisões para realizar uma tarefa, de forma independente e em colaboração. Simular, analisar e depurar algoritmos incluindo sequências e seleções.	III
Algoritmos e a resolução de problemas	Compreender a necessidade de algoritmos para resolver problemas; Resolver problemas básicos usando o ROBOMAT (exemplo: fazer o ROBOMAT seguir um determinado caminho, considerando mais de um ponto de referência e aceitar mudanças de direção e sentido etc.); Utilizar o COMPMAT para resolver problemas envolvendo adição, subtração, multiplicação, divisão, terça parte, quarta parte, quinta parte e décima parte; Utilizar o COMPMAT para resolver problemas envolvendo medidas de comprimento, massa, capacidade, tempo e que envolvam o sistema monetário nacional.	IV

Pensamento Computacional - Ensino Fundamental - 4º. Ano		
Objeto de Conhecimento	**Habilidades**	**Bimestre**
Máquinas que computam: Terminologia e uso de dispositivos computacionais	Reconhecer dispositivos capazes de computar (desktop, notebook, tablet, smartphone, etc.) e identificar e descrever a função de dispositivos de entrada e saída (monitor, teclado, mouse, impressora, microfone, câmera etc.); Conhecer os equipamentos didáticos (ROBOMAT e COMPMAT), que serão utilizados nas atividades práticas da disciplina.	I
Metodologia e estratégias para resolução de problemas	Compreender o conceito de metodologia e estratégia de abordagem de problemas; Utilizar as etapas de uma metodologia para resolver problemas.	II
Algoritmos: seleção e repetição	Definir e executar algoritmos que incluem sequências, decisões e repetições para realizar uma tarefa, de forma independente e em colaboração; Simular, analisar e depurar algoritmos incluindo sequências, seleções e repetições.	III
Algoritmos e a resolução de problemas	Compreender a necessidade de algoritmos para resolver problemas; Resolver problemas básicos usando o ROBOMAT (exemplo: fazer o ROBOMAT seguir um determinado caminho, considerando mais de um ponto de referência e aceitar mudanças de direção e sentido etc.); Utilizar o COMPMAT para resolver problemas envolvendo adição, subtração, multiplicação, divisão e frações unitárias mais comuns (1/2, 1/3, ¼, 1/5, 1/10 e 1/100); Resolver problemas envolvendo múltiplos, divisores, medidas de comprimento, massa, capacidade, tempo e que envolvam o sistema monetário nacional.	IV

Pensamento Computacional - Ensino Fundamenta		
Objeto de Conhecimento	**Habilidades**	**Bimestre**
Máquinas que computam: Terminologia e uso de dispositivos computacionais	Reconhecer dispositivos capazes de computar (desktop, notebook, tablet, smartphone, etc.) e identificar e descrever a função de dispositivos de entrada e saída (monitor, teclado, mouse, impressora, microfone, câmera etc.); Conhecer os equipamentos didáticos (ROBOMAT e COMPMAT), que serão utilizados nas atividades práticas da disciplina.	I
Metodologia e estratégias para resolução de problemas	Compreender o conceito de metodologia e estratégia de abordagem de problemas; Utilizar as etapas de uma metodologia para resolver problemas.	I
Estruturas de dados: listas, vetores e matrizes	Compreender que a organização dos dados é necessária para facilitar a sua manipulação; Dominar o conceito de estruturas de dados estáticos homogêneos (listas, vetores e matrizes) através da realização de experiências com materiais que mostrem a utilização dessas estruturas na vida cotidiana (por exemplo, dias da semana em um calendário, jogo batalha naval, etc).	
Algoritmos sobre estruturas de listas, vetores e matrizes	Analisar algoritmos simples usando listas, vetores e matrizes de forma independente e em colaboração; Identificar, compreender e comparar diferentes algoritmos para manipular as estruturas de listas, vetores e matrizes.	III
Algoritmos e a resolução de problemas	Utilizar o COMPMAT para resolver problemas envolvendo adição, subtração, multiplicação, divisão; Resolver problemas envolvendo medidas de comprimento, massa, capacidade, tempo, temperatura, volume, área e perímetro.	IV

Pensamento Computacional - Ensino Fundamental - 6º. Ano		
Objeto de Conhecimento	**Habilidades**	**Bimestre**
Máquinas que computam: Terminologia e uso de dispositivos computacionais	Reconhecer dispositivos capazes de computar (desktop, notebook, tablet, smartphone, etc.) e identificar e descrever a função de dispositivos de entrada e saída (monitor, teclado, mouse, impressora, microfone, câmera etc.); Conhecer os equipamentos didáticos (ROBOMAT e COMPMAT), que serão utilizados nas atividades práticas da disciplina.	I
Metodologia e estratégias para resolução de problemas	Compreender o conceito de metodologia e estratégia de abordagem de problemas; Utilizar as etapas de uma metodologia para resolver problemas.	II
Introdução à Generalização	Compreender que um algoritmo pode ser uma solução genérica para um conjunto de instâncias de um mesmo problema; Utilizar parametrização (variáveis como parâmetros) para descrever soluções genéricas.	III
Técnicas de solução de problemas: decomposição	Identificar problemas de diversas áreas do conhecimento e criar soluções usando a técnica de decomposição de problemas.	III
Algoritmos e a resolução de problemas	Utilizar o COMPMAT para resolver problemas envolvendo adição, subtração, multiplicação, divisão (naturais e racionais); Resolver problemas envolvendo números pares, números ímpares, números primos, múltiplos, divisores, porcentagem, medidas de comprimento, massa, capacidade, tempo, temperatura, volume e cálculo de probabilidade.	IV

Pensamento Computacional - Ensino Fundamental - 7º. Ano		
Objeto de Conhecimento	**Habilidades**	**Bimestre**
Metodologia e estratégias para resolução de problemas	Compreender o conceito de metodologia e estratégia de abordagem de problemas; Utilizar as etapas de uma metodologia para resolver problemas.	I
Técnicas de solução de problemas: decomposição e reuso	Criar soluções para problemas envolvendo a definição de dados usando estruturas estáticas (registros e vetores) e algoritmos e sua implementação em uma linguagem de programação; Depurar a solução de um problema para detectar possíveis erros e garantir sua corretude.	II
Programação: decomposição e reuso	Identificar subproblemas comuns em problemas maiores e a possibilidade do reuso de soluções. Colaborar e cooperar na proposta e execução de soluções algorítmicas utilizando decomposição e reuso no processo de solução.	II
Algoritmos e a resolução de problemas	Utilizar o COMPMAT para resolver problemas envolvendo adição, subtração, multiplicação, divisão (naturais e racionais); Resolver problemas envolvendo números pares, números ímpares, números primos, múltiplos, divisores, porcentagem, juros, medidas de comprimento, massa, capacidade, tempo, temperatura, volume e cálculo de probabilidade.	IV

Pensamento Computacional - Ensino Fundamental - 8º. Ano		
Objeto de Conhecimento	**Habilidades**	**Bimestre**
Representação da Informação em formato digital	Compreender que para armazenar, manipular e transmitir dados precisamos codificá-los de alguma forma que seja compreendida pela máquina (formato digital); Representação interna de números no computador (binária, octal, hexadecimal etc.); Codificar diferentes informações para representação em computador (binária, ASCII, UNICODE, etc.); Entender as diferentes unidades de armazenamento da informação digital.	I
Metodologia e estratégias para resolução de problemas	Compreender o conceito de metodologia e estratégia de abordagem de problemas; Utilizar as etapas de uma metodologia para resolver problemas.	I
Técnicas de solução de problemas: recursão	Compreender o conceito de recursão; Identificar o conceito de recursão em outras áreas (Artes, Literatura, Biologia, etc.). Empregar o conceito de recursão, para a compreensão mais profunda da técnica de solução através da aplicação em problemas reais.	II
Programação: listas e Recursão	Identificar problemas de diversas áreas e criar soluções, de forma individual e colaborativa, usando algoritmos sobre listas e recursão	III
Algoritmos e a resolução de problemas	Utilizar o COMPMAT para resolver problemas envolvendo porcentagem, potenciação, radiciação, área de figuras planas, cálculo de valores de medidas centrais (média, mediana, moda), probabilidades.	IV

Pensamento Computacional - Ensino Fundamental - 9º. Ano		
Objeto de Conhecimento	**Habilidades**	**Bimestre**
Metodologia e estratégias para resolução de problemas	Compreender o conceito de metodologia e estratégia de abordagem de problemas; Utilizar as etapas de uma metodologia para resolver problemas.	I
Estruturas de dados: listas, conjuntos e grafos	Formalizar os conceitos de lista, grafo e conjunto; Conhecer algoritmos básicos de tratamento das estruturas de lista, grafo e conjunto.	I
Técnica de construção de algoritmos: Generalização	Identificar problemas similares e a possibilidade de reutilização das suas soluções, usando a técnica de generalização (modularização com passagem de parâmetros).	II
Programação: generalização usada em grafos, listas e conjuntos	Construir soluções de problemas usando a técnica de generalização, permitindo o reuso de soluções de problemas em outros contextos, aperfeiçoando e articulando saberes escolares; Identificar problemas de diversas áreas do conhecimento e criar soluções, de forma individual e colaborativa, através de programas de computador usando listas, conjuntos e grafos.	II
Armazenamento de Dados em arquivos	Entender a necessidade de armazenamento dos dados para futuro processamento; Compreender e utilizar diferentes formas de armazenamento de dados (arquivo texto, arquivos CSV, banco de dados etc.).	III
Algoritmos e a resolução de problemas	Utilizar o COMPMAT para resolver problemas envolvendo porcentagem, potenciação, radiciação, volume de prismas e cilindros, área de figuras planas, cálculo de valores de medidas centrais (média, mediana, moda), probabilidades .	IV
Planejamento e execução de pesquisa amostral e apresentação de relatório	Planejar e executar pesquisa amostral envolvendo tema da realidade social da escola, desenvolvendo programas para manipular os arquivos da pesquisa e gerar relatórios que permitam a análise dos dados coletados.	IV

15.5 – Lista de Atividades para exercícios de Pensamento Computacional

Ao longo dos capítulos anteriores, pressupomos que havia recursos computacionais disponíveis para a realização das atividades práticas e exercícios propostos. Neste ponto, vamos trabalhar sem esses recursos e com uma boa dose de criatividade para consolidarmos o pensamento computacional e computação desplugada junto aos nossos alunos.

A fundamentação teórica para essas atividades está disponível ao longo dos capítulos anteriores, inclusive há vários exercícios que podem complementar os que são propostos aqui.

Cada uma das atividades propostas pode ser utilizada em várias turmas de níveis diferentes do ensino básico. Você também pode criar as suas atividades a partir das suas próprias experiências. Agora é "colocar a mão na massa" e boa sorte!

CD01 – Vamos fazer a dinâmica do Robô? Escolha um aluno para ser o robô ou use o ROBOMAT. Trace um caminho no chão a ser trilhado pelo robô e vamos dar ordens para o robô fazer o percurso correto em várias situações. Essas ordens podem ser: AVANCE 1 Casa, VOLTE 1 Casa, DOBRE à Esquerda, DOBRE à Direita, VIRE, PEGUE Objeto.

CD02 – Chame a atenção dos alunos para o fato que um determinado conjunto de ordens corresponde à solução de alguma situação específica, como por exemplo, chegar na parede do lado direito da sala ou no lado esquerdo. Formalize alguns ALGORITMOS para o ROBOMAT.

CD03 – Vamos usar uma caixa de papelão para montarmos o nosso protótipo de computador, o COMPMAT. Escolha um(a) aluno(a) para ser a Unidade de Controle (UC), outro(a) para ser a Unidade Lógica e Aritmética (ULA) (vide seção 1.5). Esses alunos devem ficar na parte de trás da caixa computador. Escolha outro(a) aluno(a) para sinalizar qual a operação que deve ser feita (adição, diferença, produto e divisão) no painel de OPERAÇÃO, colocando o dedo no orifício correspondente à operação desejada. Outro(a) aluno(a) deve repassar os números que vão ser operandos da operação através da anotação em um papel e que deve ser repassado para os alunos que fazem o papel das partes do computador pelo orifício de entrada de dados. Os alunos que simulam o computador vão processar as ENTRADAS e apresentar o resultado pelo orifício de SAÍDA em um papel.

CD04 - Usando o COMPMAT, determine o resultado da adição entre 2 (dois) números quaisquer. Peça a um aluno que entre com os números, selecione a operação de adição e ponha o COMPMAT para resolver.

CD05 – Usando o COMPMAT, determine o resultado da subtração entre 2 (dois) números quaisquer, conforme foi feito na adição.

CD06 – Oriente o COMPMAT a resolver um problema que adiciona a idade de um(a) aluno(a) com a idade do seu pai. Faça para um mínimo de 3 alunos.

CD07 – Resolva o problema de calcular a idade de uma pessoa a partir da informação dos anos de nascimento e do ano atual.

CD08 – Resolva o problema de determinar o total de alunos do FUNDAMENTAL I com a informação das quantidades de alunos nas turmas de 1º., 2º. , 3º., 4º. e 5º. anos.

CD09 – A BR 101 liga João Pessoa a Recife. Sabendo que João Pessoa está no KM 10 e Recife no KM 135, faça um algoritmo para o COMPMAT calcular a distância entre as duas cidades.

CD10 – Generalize a solução anterior para calcular as distâncias entre duas cidades quaisquer ao longo da BR 101.

CD11 – João quer saber quantas horas ele estudou em um determinado dia. Escreva um algoritmo para o COMPMAT calcular quantas horas ele estudou a partir da hora em que ele começou a estudar e a hora em que terminou os estudos.

CD12 - O troco no comércio é o valor que o comerciante devolve ao cliente quando recebe um valor maior do que o total das compras. Especifique a solução para determinar o troco de uma compra sabendo o valor das compras e o valor entregue pelo cliente.

CD13 – Resolva o resultado da multiplicação entre 2 (dois) números quaisquer.

CD14 – Resolva o problema de determinar o dobro de um número qualquer escolhido pelos alunos.

CD15 – Faça o mesmo para o triplo.

CD16 - Determine o resultado da divisão inteira entre 2 (dois) números quaisquer.

CD17 - Resolva o problema de determinar a metade de um número informado pelos alunos.

CD18 - O IMC determina um índice que uma pessoa deve ter, devendo ser calculado pela razão entre o peso expresso em quilogramas e o quadrado da altura em metros. Escreva um algoritmo que calcula o IMC de uma pessoa a partir do seu peso e da sua altura informados.

CD19 - Proponha um algoritmo para calcular a média aritmética entre dois números informados pelos alunos.

CD20 - Resolva o problema de determinar a média aritmética de três números informados pelos alunos.

CD21 - Existem 3 escalas de temperaturas: Kelvin (K), Celsius (C) e Fahrenheit (F). No Brasil, usamos a escala Celsius e nos Estados Unidos, a Fahrenheit. Escreva um algoritmo que converte uma temperatura em Fahrenheit para Celsius.

CD22 - Escreva um algoritmo que converte uma temperatura em Kelvin para Celsius.

CD23 - A velocidade média de um carro é dada pela razão entre a distância percorrida (em KM) e o tempo de deslocamento (em Horas). Escreva um algoritmo que calcula a velocidade média de um carro a partir da distância percorrida e o tempo do deslocamento.

CD24 - Resolva o problema de determinar o maior entre 2 (dois) números quaisquer.

CD25 - Resolva o problema de determinar o maior entre 3 (três) números quaisquer.

CD26 - Resolva o problema de determinar o menor entre 2 (dois) números quaisquer.

CD27 - Resolva o problema de determinar o menor entre 3 (três) números quaisquer.

CD28 – Resolva o problema de determinar a média aritmética entre 2 (dois) números quaisquer.

CD29 - Resolva o problema de determinar a média aritmética entre 3 (três) números quaisquer.

CD30 – Resolva o problema de determinar a soma das idades dos alunos da turma.

CD31 - Resolva o problema de determinar a média das idades da turma.

CD32 - Resolva o problema de calcular o somatório de N números quaisquer.

CD33 - Resolva o problema de calcular o produtório de N números quaisquer.

CD34 – O maior divisor comum entre dois números (MDC) é muito usado em vários problemas matemáticos. O matemático grego Euclides desenvolveu um algoritmo para determinar o MDC entre dois números (vide capítulo 6). Escolha dois números quaisquer entre 01 e 100 (em anexo neste apêndice) e determine o MDC entre eles através do algoritmo de Euclides.

CD35 - Nesta atividade participam 5 alunos que escolhem 5 números entre 01 e 100. Os 5 alunos ficam de pé na frente da turma segurando os seus números de forma que todos possam ver os números de cada um deles. A cada rodada, o aluno com o menor número segue para a posição mais à esquerda na linha de alunos. O processo continua até que todos os números estejam na ordem crescente de classificação.

CD36 – Repita o processo anterior com seis números e seis novos alunos para a classificação decrescente dos números. O processo para a classificação decrescente é feito semelhantemente levando o menor número na lista para o lado direito da fila de alunos. O processo continua até que todos os números estejam na ordem decrescente de classificação.

CD37 – Escolha 6 (seis) números dentre os anexos neste apêndice. Mostre os números para os colegas. Vamos brincar de ordenação ou classificação?

CD37.1 – Coloque os números sobre a mesa em qualquer ordem e peça para algum dos participantes classificar os números sobre a mesa usando um método de classificação. Escolha 3 colegas para serem "classificadores". Cada "classificador" deve usar a classificação por seleção (vide capítulo 10). Monte uma tabela com o nome e o número de comparações feitas por cada classificador até concluir o processo de classificação. Rearranje os números sobre a mesa e peça para outro colega classificador executar o processo de classificação. Calcule o número médio de comparações feitas pelos classificadores usando a classificação por seleção.

CD37.2 – Vamos repetir a mesma dinâmica agora com a classificação por inserção. Anote o número de comparações para concluir o processo de classificação e calcule o número médio de comparações para cada um dos participantes.

15.6 - Referências Bibliográficas do Capítulo

BEZERRA, Fábio. Bem mais que os bits da computação desplugada. In: Anais do Workshop de Informática na Escola. 2014.

BRASIL. INEP. Pisa 2018 revela baixo desempenho escolar em leitura, matemática e ciências no Brasil. Disponível em: http://portal.inep.gov.br/artigo/-/asset_publisher/B4AQV9zFY7Bv/content/pisa-2018-revela-baixo-desempenho-escolar-em-leitura-matematica-e-ciencias-no-brasil/21206. Acesso em: 14 abr. 2021.

BRASIL. Ministério da Educação. Base Nacional Comum Curricular. Brasília, 2018.

BRASIL. Ministério da Educação. Lei de Diretrizes e Base da Educação Nacional. Brasília, 1996.

Paiva, Severino. Introdução à Programação – do Algoritmo às Linguagens Atuais. Editora Ciência Moderna. 2ª. Ed. 2015.

Paiva, Severino. Introdução à Programação e ao Pensamento Computacional utilizando Python e Portugol Stúdio. Editora Ciência Moderna. 2021.

Sociedade Brasileira de Computação – SBC. Diretrizes para o Ensino de Computação na Educação Básica. Disponível em: https://www.sbc.org.br/documentos-da-sbc/summary/203-educacao-basica/1220-bncc-em-itinerario-informativo-computacao-2. Acesso em: 01 abr. 2021.

WEISSHAHN, Yuri et al. Representação e Análise de Dados no Quinto Ano do Ensino Fundamental: Proposta de Atividade e Relato de Aplicação. In: Anais do Workshop de Informática na Escola. 2016.

VIEIRA, Anacilia; PASSOS, Odette; BARRETO, Raimundo. Um relato de experiência do uso da técnica computação desplugada. Anais do XXI WEI, 2013.

Wing, J. Computational thinking. *Communications of the acm*, v. 49, n. 3, 2006, p. 33-35. Disponível em: <dl.acm.org/citation.cfm?id=1118215>. Acesso em: 04 nov. 2020.

______. Research notebook: computational thinking – what and why? *The link*. Pittsburgh: Carnegie Mellon, 2011. Disponível em: <cs.cmu. edu/sites/default/files/11-399_The_Link_Newsletter-3.pdf>. Acesso em: 04 nov. 2020.

Apêndice A

Glossário

Quando leio um livro pela primeira vez, tenho o mesmo prazer que se contraísse uma nova amizade; quando volto a lê-lo de novo, é um amigo que visito.

Voltaire

Algoritmo – Conjunto ordenado de passos, não ambíguos e com a finalidade de resolver um determinado problema.

Arquivo – Conjunto de dados que possuem uma relação entre si. Por exemplo, arquivo dos professores da escola X.

Array – Variável composta homogênea, isto é, todos os componentes são de um mesmo tipo, podendo ser vetor ou matriz.

ASP (Active Server Pages) – é a linguagem desenvolvida pela Microsoft com o intuito de dinamizar a criação de páginas WEB no âmbito do servidor.

Atribuição – Operação pela qual se faz com que uma variável receba um valor constante ou de outra variável.

Bloco – Trecho de um algoritmo ou programa que possui características comuns.

C – Linguagem de programação muito utilizada para desenvolvimento de "software" básico. Geralmente é compilada.

Cadeia – Sinônimo para cadeia de caracteres, tendo por significado conjunto de caracteres.

Campo – Subdivisão de um registro. Um campo pode conter um nome de uma pessoa, um salário etc.

Caracter – Uma letra, um dígito ou um símbolo qualquer que pertença ao conjunto de caracteres da linguagem.

Comando – Um comando é uma ordem que deve ser dada para um computador executar. Toda linguagem de programação possui comandos.

Comentário – Explicações dadas no corpo do algoritmo/programa para facilitar a compreensão de um trecho de código.

Compilador – Programa tradutor cuja finalidade é converter um programa em uma linguagem de programação qualquer para uma forma que o computador possa entender. Essa tradução é gravada em disco, podendo ser utilizada outras vezes.

Concatenação – Operação de juntar dois ou mais conjuntos de caracteres. Por exemplo, a concatenação de "BON" com "ITA" forma a palavra "BONITA".

Condição Lógica – Condição que deve ser avaliada durante a execução do algoritmo para decidir o que deve ser feito.

Constante – Valor imutável dentro do algoritmo. Valores como PI que corresponde aproximadamente a 3,1416 não têm porque ser mudado durante a execução de algoritmo que calcula a área de um círculo.

Contador – Variável utilizada para contar alguma coisa ou ocorrência de algum fato. Um contador é incrementado à medida em que a grandeza a que ele se destina a contar cresce. Por exemplo, todas as vezes em que se acerta uma questão de uma prova, o contador de acertos aumenta de uma unidade.

Depuração – Ato de seguir um algoritmo ou programa durante a sua execução para facilitar a eliminação de erros.

Endentação – Conjunto de alinhamentos e recuos das linhas de um algoritmo que permitem melhor visualização e compreensão das relações hierárquicas entre as mesmas.

Escopo – Está associado ao conceito de bloco e diz respeito ao espaço de existência de uma variável dentro de um algoritmo ou programa.

Expressão – São construções algorítmicas especificadas por regras para calcular valores ou ter como resposta um valor lógico. Uma expressão pode ser lógica ou aritmética.

Finalização – Área de um algoritmo ou programa onde são feitos os preparativos para encerramento da execução do mesmo.

Flag – Significa bandeira ou estandarte em inglês. É uma variável usada para indicar a ocorrência de algum evento durante a execução do algoritmo, por exemplo, quando for atingido o fim do arquivo de funcionários faça com que a variável FIMARQUIVO receba valor lógico VERDADEIRO (TRUE).

Fluxograma – Representação gráfica de um algoritmo usando símbolos padronizados internacionalmente.

Função – Subprograma que além de resolver uma dada tarefa, tem por obrigação retornar para quem o chamou, um valor que pode ser qualquer tipo de dado admitido pela linguagem.

Identificador – Nome dado a variáveis ou a partes do algoritmo para efeito de identificação.

Inicialização – Atitude de atribuir a uma variável um valor inicial para começar o algoritmo ou programa. Pode-se falar, no corpo de um algoritmo, em uma área de inicialização que é aquela onde são inicializadas todas as variáveis a serem utilizadas no mesmo.

Interpretador – Programa tradutor de um programa em uma linguagem de programação para uma forma que o computador possa entender. Essa tradução não é registrada sendo feita à medida em que o comando vai sendo executado. Tem maior aplicação para programadores iniciantes.

Java – Linguagem de programação, desenvolvida por um grupo de pesquisadores da Sun Microsystems por volta de 1990, estando entre as mais utilizadas pelos programadores.

Laço – Sinônimo da palavra inglesa LOOP (laçada, fazer curvas). Significa a execução repetida de um conjunto de comandos por um número determinado de vezes. Em geral, refere-se à estrutura de controle de repetição PARA ou **for** na maioria das linguagens.

Looping Infinito – Repetição sem fim de um laço, em geral, por um erro de programação.

Lua – Linguagem de programação interpretada desenvolvida na PUC-RJ, permitindo a programação procedural, programação orientada a objetos e a programação funcional, constituindo em uma concorrente direta do Python.

Matriz – Array multidimensional (ver "array").

Menu – Significa cardápio de opções. É através de um menu que são oferecidas as opções de trabalho. Exibem-se as opções e lê-se a resposta do usuário para determinar o que deve ser feito em seguida.

Módulo – Subdivisão de um "software" que possui denominação e corpo próprios.

Operador – É um dos constituintes de uma expressão, podendo ser aritméticos, lógicos ou relacionais. Por exemplo: +, -, >, or.

Otimização de Código – Ato de reescrever um algoritmo da forma mais eficiente possível.

PHP (Hypertext Pre Processor) – é uma linguagem de criação de scripts, cujo código pode ser embutido em páginas HTML.

Parâmetro – Valor que é entregue a um subalgoritmo para guiar a ação do mesmo.

Passagem de Parâmetros – Mecanismo utilizado para estabelecer a ligação entre um algoritmo ou programa e um subalgoritmo ou subprograma que tenha sido ativado pelo primeiro. A passagem de parâmetros permite que a solução do problema seja feita de forma genérica.

Python – Python é uma linguagem de programação de alto nível, interpretada, trabalhando nos paradigmas imperativo, orientado a objetos e funcional, dispondo de uma tipagem dinâmica e forte. Foi desenvolvida por Guido van Rossum em 1991.

Procedimento – Subalgoritmo que visa a realização de uma determinada tarefa.

Processamento – Tratamento, transformação de dados. Em um algoritmo a parte de processamento é quem realmente realiza as tarefas às quais o algoritmo destina-se.

Produtório – É o resultado cumulativo de uma série de multiplicações sucessivas.
Esse tipo de variável é utilizada para guardar o resultado desses produtos e deve ser inicializada sempre com 1. O fatorial de 4, que vale 24, é o resultado das seguintes multiplicações sucessivas: 4 x 3 x 2 x 1.

Programa – É um algoritmo traduzido para uma linguagem de programação.

Programa Principal – Parte central de um programa que controla a execução do mesmo.

Sistema – Conjunto de partes interdependentes; conjunto de pessoas, máquinas e programas que visam resolver uma aplicação do usuário; conjunto de programas.

Software – Termo da língua inglesa utilizado para designar a parte inteligente (relativa à programação) de um sistema de computação.

Software Aplicativo – Todos os programas que visam resolver os problemas relativos ao ramo de atividade fim de um indivíduo ou empresa.

Software Básico – Programas que são voltados para os problemas intrínsecos do computador. Não se prestam a resolver um problema fim do usuário.
Exemplos: compiladores, sistemas operacionais etc.

Somatório – Variável utilizada para guardar somas sucessivas. Por exemplo: o somatório das mesadas de todos os alunos da escola. Toda variável utilizada em somatórios é inicializada com valor 0 (zero) que é o elemento neutro da adição.

String – O mesmo que cadeia de caracteres.

Subalgoritmo – Trecho de um algoritmo que recebe um identificador (nome), podendo ser ativado (executado) de qualquer ponto deste algoritmo pela simples menção do nome atribuído. A utilização de subalgoritmos gera, entre outras vantagens, economia no tamanho do algoritmo.

Registro – Unidade mínima de leitura/gravação dos dados de um arquivo. Todo registro é composto por campos.

Recursividade – Propriedades que possuem alguns problemas de serem definidos em termos deles mesmos. Para compreender melhor, analise o problema do fatorial de um número.

Variável – Conjunto de uma ou mais posições da memória de um computador que é utilizado para guardar valores que podem ser alterados durante a execução do algoritmo. Toda variável deve possuir um identificador (nome) e ter um tipo definido (numérico, caractere etc.).

Variável de Laço – Variável utilizada para controlar as repetições em um laço.

Variável Global – Variável que existe em todo o corpo do algoritmo/programa. Possui escopo ilimitado, existindo em todos os pontos do programa.

Variável Local – Existe apenas dentro de um bloco, possuindo escopo restrito dentro de um procedimento ou função, existindo apenas em um espaço restrito.

Vetor – Variável homogênea unidimensional, isto é, possui um única dimensão, sendo também conhecido pelo termo inglês ***array***.

Zerar – Atribuir valor zero a uma variável numérica. Pode ser sinônimo para inicialização.

Apêndice B

Respostas das Questões Objetivas Propostas

Nós, seres humanos, somos como pequenos grãos de areia, que precisam ficar juntos em forma de pedras para não sermos levados pelos ventos da tempestade.

(Severino Paiva)

CAPÍTULO	QUESTÃO	RESPOSTA (S)
1	P1.11	V V V F F V V V V V V V F
1	P1.12	A
1	P1.13	A
1	P1.14	B
1	P1.15	D
1	P1.16	C
2	P2.02	10 08
2	P2.05	14 - 10 - 10 10 - 10 - 14 10 - 14 – 10

CAPÍTULO	QUESTÃO	RESPOSTA (S)
2	**P2.06**	D
2	P2.07	V F V V V F F V F F
2	**P2.08**	C
3	**P3.13**	V F V V F F V F F F F
4	P4.05	v v v f v v f f v f v
4	**P4.07**	A
4	**P4.08**	B
4	**P4.09**	B
4	**P4.10**	B
4	**P4.11**	C
4	**P4.12**	E
4	**P4.13**	D

CAPÍTULO	QUESTÁO	RESPOSTA (S)
5	**P5.13**	a.F b.F c.V d.F e.F f.V g.F h. -7
5	**P5.20**	**B**
5	P5.21	C
5	P5.22	B
5	P5.23	A
5	P5.24	E
5	P5.25	A
5	P5.26	E
5	P5.27	B
5	P5.28	D
6	P6.26	E
6	P6.27	B
6	P6.28	B
6	P6.29	A
6	P6.30	A
6	P6.31	C
6	P6.32	D
6	P6.33	A
7	P7.17	V F V V F V F F V F F V F
7	P7.18	C
7	P7.19	A
7	P7.20	E
7	P7.21	C
7	P7.22	A
7	P7.23	B

CAPÍTULO	QUESTÃO	RESPOSTA (S)
8	P8.17	V V F V F V V V
8	P8.18	E
8	P8.19	B
8	**P8.20**	E
8	**P8.21**	**C**
8	**P8.22**	C
8	**P8.23**	**E**
8	**P.8.24**	D
8	**P8.25**	D
8	**P8.26**	E
8	**P8.27**	E
9	**P9.08**	V **b.** F **c.** F **d.** F **e.** V f. V
9	**P9.09**	B
9	**P9.10**	**C**
9	**P9.11**	**E**
9	**P9.12**	**C**
9	**P9.13**	**D**
9	**P9.14**	**D**
9	**P9.15**	**E**
9	**P9.16**	**B**
9	**P9.17**	**D**
9	**P9.18**	**C**
9	**P9.19**	A
9	P9.20	C
9	P9.21	C
10	**P10.09**	**a.** F **b.** V **c.** F **d.** V **e.** V **f.** F **g.** F
10	**P10.10**	**B**
10	**P10.11**	**D**
10	**P10.12**	**B**
10	**P10.13**	**A**
10	**P10.14**	**A**
10	**P10.15**	**D**
10	**P10.16**	**C**
10	**P10.17**	**C**
10	**P10.18**	**E**
11	**P11.15**	a. V **b.** V **c.** V **d.** V e. V f. F
11	**P11.18**	**E**
12	**P12.01**	A
13	**P13.11**	**a.V b.F c.F d.F e.F f.V g.F**

CAPÍTULO	QUESTÃO	RESPOSTA (S)
13	P13.12	B
13	P13.13	C
13	P13.14	E
13	P13.15	C
13	P13.16	E
13	P13.17	A
13	P13.18	B
13	P13.19	B
13	P13.20	A
13	P13.21	E
13	P13.22	A
13	13.23	B
14	P14.01	B
14	P14.02	A
14	P14.03	B
14	P14.04	B
14	P14.05	D
14	P14.06	C
14	P14.07	A
14	P14.08	D
14	P14.09	D
14	P14.10	C

Referências

BRASIL. MEC. Base Nacional Curricular Comum. Disponível em: http://basenacionalcomum.mec.gov.br/. Acesso: 08. Out. 2019.

CORMEN, Thomas H.; LEISERSON, Charles E.; RIVEST, Ronald L.; STEIN, Clifford. Algoritmos Teoria e Prática. Rio de Janeiro: Elsevier, 2012.

DIJKSTRA, E. W.; DAHL, O. J. & Hoare, C. A. Structure Programming. Academic Press, 1972.

GERSTING, Judith L. Fundamentos Matemáticos para a Ciência da Computação. 7a.ed. LTC, 2017.

KNUTH, D. E.The Art of Computer Programming: Fundamental Algorithms.Addison-Wesley ,1972.

KNUTH, D. E.The Art of Computer Programming: Sorting and Searching.Addison-Wesley ,1973.

IME – Instituto Militar de Engenharia – Curso Python. Disponível em: https://panda.ime.usp.br/pensepy/static/pensepy/08-Strings/strings.html#metodos-de-string. Acesso: 08. Jan. 2019.

INEP – Instituto Nacional de Estudos e Pesquisas Educacionais Anísio Teixeira. Provas ENADE. Disponível em: http://portal.inep.gov.br/provas-e-gabaritos3. Acesso em: 08. Jan. 2019.

LARMAN, Craig. Applying UML and Patterns. 3a. ed. Pearson Education, 2007.

LESTER, F. K. Trends and issues in mathematical problem solving research. New York: Academic Press, 1983.

LINDEN, Peter van der. Simplesmente Java. 6a. ed. Editora Alta Books, 2005.

MANUAL REFERÊNCIA LINGUAGEM LUA. Disponível em: www.lua.org. Acesso: 20. Dez. 2019

MILLER, Brad; **RANUM**, David. Problem Solving with Algorithms and Data Structures using Python. Luther College, 2013. Disponível em: http://interactivepython.org/runestone/static/pythonds/index.html. Acesso em: 12. Dez. 2018.

PAIVA, Severino. Introdução à Programação. 2ª. ed. Rio de Janeiro: Editora Ciência Moderna, 2015.

POLYA, G. A arte de resolver problemas. Rio de Janeiro: Interciência, 2006.

POZO, Juan Ignácio (Org.). A solução de problemas: aprender a resolver, resolver para aprender. Artmed, Porto Alegre, 1998.

PYTHON BRASIL. Comunidade Python Brasil. Disponível em: https://wiki.python.org.br. Acesso: 08. Dez. 2019.

PORTUGOL STUDIO. Site da Linguagem Portugol Studio da UNIVALI. Disponível em: http://lite.acad.univali.br/portugol/. Acesso: 08. Jan. 2019.

PUCCINI, Abelardo de Lima. Programação Linear. Rio de Janeiro: LTC, 1987.

SBC - Sociedade Brasileira de Computação. Provas POSCOMP. Disponível em: http://www.sbc.org.br/educacao/poscomp. Acesso: 08. Jan. 2019.

SBC - Sociedade Brasileira de Computação. Diretrizes para ensino de Computação na Educação Básica. . Disponível em: https://www.sbc.org.br/documentos-da-sbc/summary/203-educacao-basica/1220-bncc-em-itinerario-informativo-computacao-2. Acesso: 08. Out. 2019.

SBC - Sociedade Brasileira de Computação. Referenciais de Formação para Cursos de Graduação em Computação - Outubro 2017. Disponível em: https://www.sbc.org.br/documentos-da-sbc/summary/131-curriculos-de-referencia/1165-referenciais-de-formacao-para-cursos-de-graduacao-em-computacao-outubro-2017. Acesso: 08. Out. 2019.

SEBESTA, Robert W. Conceitos de Linguagens de Programação. 9a. ed. Bookman Editora, 2010.

TREMBLAY, Jean-Paul; BUNT, Richard. Ciência dos computadores – Uma abordagem Algorítmica. São Paulo: Mcgraw-Hill, 1983.

TUCKER, Allen B. Linguagens de Programação – Princípios e Paradigmas. 2a. ed. Mcgraw-Hill,2000.

WIRTH, Niklaus. Algoritmos e Estruturas de Dados. Rio de Janeiro: LTC,1989

Impressão e acabamento
Gráfica da Editora Ciência Moderna Ltda.
Tel: (21) 2201-6662